主体的な学びを支える 学校図書館

~ 小学校・中学校の授業サポート事例から ~

千葉県 袖ケ浦市立昭和小学校 学校司書

和田幸子

少年写真新聞社

は じ め に

　千葉県袖ケ浦市小中学校の学校司書として中学校図書館に15年、小学校図書館に6年勤務し、合計で21年がたちました。その間に学校図書館は変わり、めざましく進化してきたと感じています。過去の学校図書館は「本の置き場所」「静かに本を読む部屋」というイメージが強く、活用されていたとしても読書センターとしての利用が中心でした。しかし現在は、図書資料（パンフレットや新聞記事ファイルや地域の資料などを含む）を授業や諸活動で活用する学習センターとしての役割、様々な情報を集めて読み取りまとめて発信するためのスキルを学び、「なぜだろう？」という疑問を解決する情報センターとしての役割が重要になっています。いわば、学校における学びのキーステーションへと変貌しつつあるのです。

　学校図書館法に定義されている「学校図書館」の目的＝「図書館資料を収集、整理、保存し、これを児童又は生徒及び教員の利用に供することによって、学校の教育課程の展開に寄与するとともに、健全な教養を育成すること」がまさに具現化されてきているといえます。

　また、小学校は2020年度、中学校は2021年度、高等学校は2022年度から始まる新しい「学習指導要領」では主体的・対話的で深い学び（アクティブ・ラーニング）の視点から「何を学ぶか」だけではなく、「どのように学ぶか」を重視して授業を改善していくことが求められています。

　さらに、これからの社会がどんなに変化して予測困難になっても、自ら課題を見つけ、自ら学び、自ら考え、判断して行動できる「生きる力」を持ち、それぞれに思い描く幸せを実現してほしい。新しい「学習指導要領」には、そうした願いが込められています。

この「生きる力」を育てるのに、ぜひ学校図書館を役立ててほしいです。そのために「学校図書館を活用したら、こんな授業ができた」「司書教諭や学校司書と連携することで一人ではできない授業が実現できた」と教師に実感してもらえるようなサポートをし、提案もしていきたいと考えています。

　まだ実践途上であり不備も多いですが、小学校・中学校において学校図書館の支援によって、より充実させることのできた授業や活動を、数々のワークシートとともに紹介したいと思います。

　また、地域や公共図書館、博物館と連携することで実現した授業や活動を紹介し、学校図書館が中心となって地域や他施設と先生や児童、生徒を結ぶことができた例も紹介します。

　学校図書館の活用が重要とされながら、現実は小規模校には司書教諭が配置されていなかったり、学校司書が配置されていても、勤務日数や勤務時間が短かったり、複数の学校を受け持ったりして十分な活動ができない中、苦労されている学校司書も多くおられると思います。

　この本が「授業で学校図書館を使う際にどんな手助けができるの？」「自分の学校は図書資料が少ないけどどうしよう」「勉強が忙しくて先生が学校図書館に子どもを連れてきてくれない」と悩む学校司書や、「どうやって授業で図書館を使ったらいいの？」と考えている教師へのヒントとなればうれしいです。

　そして、子どもたちは学校図書館が大好きで、「どんな本に出会えるかな」「どんな授業になるのかな」と知的好奇心をわくわくさせながらやって来ます。

　そんな子どもたちから「やっぱり学校図書館は頼りになるね」「学校図書館に行こうよ」と声が上がるようになってほしいと願っています。

　　　　　　　　　　　　　　　　　　　　　　　　　　　　　和田幸子

目　次

　学校図書館の情報センターとしての役割を充実させるためには、館内を整備し、児童・生徒の図書館活用スキルを高めるための活動を、学年に応じて繰り返し積み上げていくことが大切です。この章では、学校図書館整備の第一歩となる分類・配架の基本から、学校図書館オリエンテーションで活用できるワークシート、参考図書の指導例などを紹介したいと思います。

　あふれる情報の中で生きる子どもたちに、必要とされるのが情報リテラシーですが、情報リテラシーとはどういう能力なのでしょうか。

　私は情報リテラシーを、「多くの情報の中から自分に必要なものを見つけ、内容を理解し、比較検討をし、自分なりの考えを持ち、集めた情報をまとめる力、発信する技能」と考えています。この力や技能を身につけるために、学校図書館が役立てることが多くあります。「基礎・基本の習得」に加えて「知識を得る方法を知り、知識を活用して生活に活かす力」を育むのは、教科書を中心にした授業だけでは、身につけることは難しいでしょう。学校図書館を活用した活動を繰り返し体験しながら、学年に応じた情報リテラシーを育んでいくことが有効です。

　まず学校図書館オリエンテーションで、図書館の使い方、分類・配架の仕方、ラベルの意味について学び、必要な資料の探し方を学びます。また図書資料以外の新聞・雑誌・ファイル資料を活用する活動も授業で行います。

　さらに、教科の学習や図書の時間を使って、図鑑、国語辞典、漢字辞典、百科事典、年鑑などの参考図書の特徴と使い方を学び、実際に活用することで、調べ方を身につけることができます。

　調べたことをまとめる際には、引用や参考の約束があることを知り、出典を明らかにして、資料にのっていたことと自分の考えと分けて書くこと。1冊の本に書いてある情報をうのみにするのではなく、2冊以上の資料にあたって比較すること、複数の資料にあたった場合は資料リストにまとめることなどの情報のまとめ方も、発達段階に応じて学校図書館で繰り返し学び、身につけてほしい能力です。

1節　学校図書館の環境整備

　学校図書館には、読書活動の推進だけではなく、児童・生徒の主体的、意欲的な学習活動の充実から、教員の教育研究の支援までも含んだ学校教育の中核的な存在としての役割があります。そして生涯を通して図書館を活用し、課題解決の力や豊かな人間性を身につけた児童・生徒を育成していくことが求められます。そのための第一歩として、使いやすい図書館づくりを心がけましょう。

①日本十進分類法による分類・配架

　公共図書館をはじめとして、日本のほとんどの図書館は日本十進分類法（ＮＤＣ）による分類・配架を行っていて、学校図書館の分類もこれが基本と考えます。ＮＤＣを理解して身につければ、義務教育を終了した後もずっと図書館のよき利用者であり続けられるでしょう。

②使いやすい図書館づくり

　館内に入った児童・生徒が「どこにどんな本があるのか」がひと目でわかるような工夫を考えましょう。館内案内図（書架案内）は、入り口付近にわかりやすく掲示しておきます。小学校ならかわいいイラストつきの案内図がより親しみやすいものになります。

　書架には各分類の表示や案内板、棚見出しや差し込み式の表示板など、本を素早く探すための工夫を準備します。こうした各種の表示は作製して数年が経過すると、館内のレイアウトと食い違いが生じてきたり、日に焼けてしまい黄ばんだりすることもあります。定期的に見直して、夏休みなどの少し時間のある時に新しく作り直すとよいでしょう。模造紙や画用紙で作ったものは、

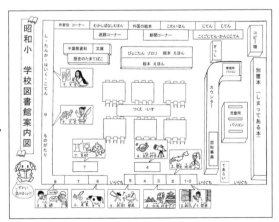

小学校の館内案内図

パネルや板などのしっかりした土台に貼って掲示すると、長く使用できます。

　また、書架の上に植物や人形などをきれいに飾っている学校図書館もありますが、肝心の分類表示が見当たらないことや、飾りに表示が隠れてしまっていて、残念に思うことがあります。分類表示が目立つことを一番に考えたいものです。

分類表示は数字と表題を大きく印字して、関連したイラストをコピーし、ダンボールを土台にした台紙に貼り、ブックカバーフィルムでコーティングします。これを大きめの空き箱に貼りつけて自立するようにします。コーティングしておくと、色あせも少なく、長持ちします。私も現在の勤務校で、分類表示が作製されて十年近くたっていたので、ボランティアの力を借りて

すっきり見やすい案内板

以前のものより大きめに作り直しました。ほこりにまみれた表示を外し、新しい表示に変えただけで、図書館内が明るくなり、すっきりと見やすくなったような気がしました。

棚見出しも、新規本の購入や、廃棄処理をしているうちにずれてしまっている場合もあるので、定期的に見直しましょう。画用紙や厚紙に文字や分類番号を印刷して、ラミネートをかけたものなどを活用しています。

③分類別蔵書構成を意識して計画的な選書を

分類別に配架してみると、蔵書の多い分類と少ない分類があることに気づくかもしれません。各校の資料収集の方針や、利用される教科等にも関係しますが、蔵書比率に極端な偏りがないかをチェックしてみましょう。年度末だけではなく新規購入を予定している時期にも再度見直して、文学ばかりに偏らない、各教科の授業で活用される蔵書構成を心がけたいものです。全国学校図書館協議会が制定している「学校図書館メディア基準」の蔵書の配分比率と比較検討してみると、自校の蔵書構成を客観的に知ることができるでしょう。

④適切な廃棄を心がけよう

教育課程の展開に寄与し、魅力のある蔵書構成を目指して、定期的に図書の廃棄を行うことも大切な業務です。蔵書の管理については、個人的な好みや都合で行われることがないように気をつけなければなりません。統一性を保つために、全国学校図書館協議会の「学校図書館図書廃棄基準」や市町村や勤務校で定められた図書廃棄基準を把握し、司書教諭、学校司書、学校図書館担当などで確認し合って、廃棄図書を選びましょう。

なお、破損が激しく修理不能な本、資料価値のなくなった本が廃棄対象ですが、古くて汚いからといって、保存すべき郷土資料や絶版で入手困難な本を安易に廃棄してしまわないように気をつけたいものです。

2節　学校図書館オリエンテーション

　館内の準備が整ったら、いよいよ児童・生徒・教師へ向けての活動開始です。各学年の年度はじめの学校図書館オリエンテーションは貴重な時間です。

　学校図書館を知ってもらい、本の並び方、ラベルの見方、図書資料以外の資料について学び、必要な資料を見つけられるように指導することが、図書館活用スキルを育てる第一歩です。また、マナーや本を大切にする約束などを繰り返し確認して、学校図書館が「だれにとっても役に立ち、居心地のよい場所」になるように共通理解を深めることも大切です。ここでは、昭和小学校と昭和中学校で行った事例を紹介します。

①小学校でのオリエンテーション

　小学生のオリエンテーションは、各学年の初めての「図書の時間」(図書館施設と資料、学校司書を優先的に使える「学校図書館活用の時間」のこと。昭和小学校では1〜3年生は各クラス週1時間、4〜6年生は各クラス隔週1時間)に行います。

・小学1年生

　昭和小学校の学校図書館は4階に位置していて、1年生が1階の教室から上がってくるまでがひと苦労。きちんと整列し、学校図書館にようやくやって来た児童を笑顔でやさしく迎えて、学校図書館や本を好きになってもらえるように心がけています。

　私はまず用意しておいた大きめの名札を見せて、「私の名まえは、わだ　さちこです」と自己紹介をします。

　それから、「図書館って何をするところか知っていますか？」と問いかけると、「本を借りるところ」「本がいっぱいあるところ」「本を読むところ」などと答えが返ってきます。そして「図書館ではみんなに守ってもらいたい約束が3つあります」と児童に話します。用意しておいた絵カードを見せながら、「走らない」「さわがない」「本を大切にする」という約束をします。

　その後、絵本を1冊読み聞かせして、児童に借りたい本を選ばせます。絵本の置いてある場所を知らせて、読みたい本を2冊探すように伝えます。

　袖ケ浦市では蔵書を電算化して管理しています。パソコンを使って貸出・返却できるシステムになっていて、年度はじめに児童と教師全員分の利用者登録を行います。用意した利用者バーコードと図書のバーコードをスキャンして貸出・返却ができるので、1年生でも初めての授業から貸出が可能です。

　担任が用意した読書記録カード（厚紙を半分に折り、中に読んだ本の題名や日にちを記録する用紙を挟めるようにしたもの）の表紙に利用者バーコードを貼っておき、児童は借りる時にそのカードを一番下にして、借りる本2冊のバーコードがそれぞれ見えるようにずらして持ち、カウンターに並びます。「借ります。お願いします」と挨拶し、貸出作業が終わったら「ありがとうございました」とお礼を言うように話して、実際にやってもらいます。

　2回目のオリエンテーションは、借りた本の返却方法です。ここでもバーコードが見えるように2冊をずらして持ち「返します。お願いします」と挨拶し、返却作業が終わったら「ありがとうございました」と言って本を返却します。1年生の前期は、本を戻す場所がわからないので、貸出・返却の業務は担任にお願いし、学校司書が児童と一緒に本を決められた場所に返す作業を行うようにしています。

　入学して間もなくでも、借りた本の題名を読書記録カードに自分で記入できる児童も多くいます。まだ字がうまく書けない児童には、担任や学校司書が手助けをして、本を返却する作業をします。低学年の貸出上限は2冊までですが、累計の貸出数が10冊に達すると、特別に制限を超えてもう1冊本を借りられる"1冊券"を担任から渡してもらえます。低学年児童は1冊券がもらえるのを楽しみに、読書記録カードに読んだ本の題名を書き込んでいます。

　1年生の後期に3回目のオリエンテーションを行っています。まず童心社の紙芝居『こんにちは　としょかん』を読み、図書館はどんなところかを振り返り、マナーを確認します。そして図書館の本にはラベルが貼ってあり、そこに記された数字は本の住所を表していること、文字は書いた人の名字のはじめの言葉が書かれていることを話します。絵本の背にはシールが貼ってあり、シールに書かれた文字は書いた人の頭文字を示していることを伝えて、絵本コーナーにある表示板を見て同じ文字の場所にしまうことを確認し、「今日からは、数字と文字を確認して、返した本を自分で本棚に戻してみましょう。わからない時は、担任や学校司書に聞いてね」と話します。すると、児童はカタカナを学んだ頃なので、「▽はどこ？」「この本は⑦のところだ」と独り言のようにブツブツ言いながら、真剣に本の場所を探し始めます。1年生でも、図鑑や恐竜などが好きな児童は4類の棚を自然と覚えていますし、『バムとケロのにちようび』（文溪堂）などの好きな絵本のシリーズの場所は、ちゃんと知っています。

　また、学校図書館の中でしか読めない本があることを話し、百科事典などは禁帯出（館外持ち出し禁止）本で、特別なシールが貼ってあることを紹介します。

小1 オリエンテーション

としょかんワークシート　　　くみ　なまえ

問題　1から9の絵をみて、よいと思う絵には〇を、いけないと思う絵には×を
（　）にかきましょう。

1（　）	2（　）	3（　）
4（　）	5（　）	6（　）
7（　）	8（　）	9（　）

小2 オリエンテーション

としょかんワークシート　　　ねん　くみ　名まえ

1．としょかんのやくそくをかきましょう。

・としょかんでは（　　　　）ません。

・（　　　　）をしないで、よみます。

・本を（　　　　）にします。

2．としょかんにあるものなあに?
としょかんにあるものには〇、ないものには×をつけましょう。

（　）カウンター	（　）でんわ
（　）パソコン	（　）ほん
（　）パンフレットしりょう	（　）コピーき
（　）てあらいば	（　）にんぎょう
（　）トイレ	（　）スキャナー
（　）ざっし	（　）レジ
（　）しんぶん	（　）おかし

小3 オリエンテーション　⇒ p.126

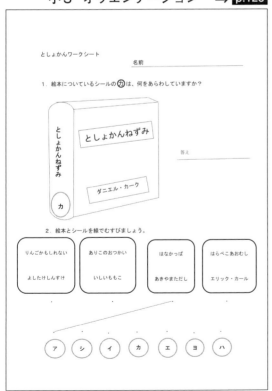

としょかんワークシート　　　名前

1．絵本についているシールの[カ]は、何をあらわしていますか?

としょかんねずみ

ダニエル・カーク

[カ]

答え

2．絵本とシールを線でむすびましょう。

りんごかもしれない　よしたけしんすけ	ありこのおつかい　いしいももこ	はなかっぱ　あきやまただし	はらぺこあおむし　エリック・カール

（ア）（シ）（イ）（カ）（エ）（ヨ）（ハ）

小4 オリエンテーション　⇒ p.126

学校図書館ワークシート　　　年　組　名まえ

問題1．次の本とラベルを線でむすびましょう。

小学生のためのサッカーがうまくなる本　メイツ出版　編集　川守田直美	エルマーのぼうけん　福音館書店　ルース・スタイルス・ガネットさく	日本の米づくり①お米って、なんだろう?　岩崎書店　根本博 著	乗り物ワイドBOOK　新幹線　学習研究社　松尾定行 文

61　に　1	78　し	54　ま	93　が

問題2．次の文はあっていますか?まちがっていますか?
あっている文には〇をまちがっている文には×をつけましょう。

（　）うらないの本は、1類にある

（　）日本の歴史の本は、3類にある

（　）外国の物語は、8類である

（　）学校図書館には、『子供の科学』（雑誌）がある

（　）『毎日小学生新聞』は、毎日学校図書館に届く

（　）「ヘレン・ケラー」の一生を書いた本は、2類にある

（　）人の体の本は、5類にある

※ ⇒ は示すページにコピー用ワークシートがあります。

・小学２年生

　２年生では、初めての図書の時間に、図書館では本の内容によって10の仲間ごとに分けていること、０〜９の番号には、意味があることなどを話します。そしてラベルの最初の数字の意味と文字についても、問いかけながら確認していきます。もちろん図書館での約束やマナーについても再度話しています。

　２年生では、国語で「図書館地図を作ろう」という学習（34ページ参照）があり、近くにある袖ケ浦市立中央図書館見学も毎年行われているので、その時期にも図書館についての学習を深めています。

　２年生でよく利用する４類の本や図鑑の置き場所も、確認します。また物語の貸出も増えてくるので、９類は著者の名前の頭文字のついた表示の場所に本を返すことを話します。

・小学３年生

　３年生になると、１冊増やして３冊まで貸出できるようになります。オリエンテーションでそのことを話すととても喜んで、「じゃあ、４年になったら４冊？　６年なら６冊？」と聞いてきます。「残念だけど、３年生以上はみんな３冊まで」と話すと「なあんだ」と言いながらも冊数が増えたことを喜びます。

　雑誌ラックには、『たくさんのふしぎ』（福音館書店）と『子供の科学』（誠文堂新光社）があって、最新号以外の号は貸出ノートに記録して借りることができることや、新聞コーナーには新聞記事が掲示されていること、新聞架には毎日新しい『毎日小学生新聞』（毎日新聞社）が入っていて、自由に読むことができることなどを紹介しています。この説明をすると、雑誌を借りて読む児童や新聞コーナーを見る児童がぐっと増えます。

　また、水にぬれて膨らんで閉じなくなってしまった本や、いたずら書きされてしまった本を児童に見せて、「こんな本を借りたいですか？」と問いかけることもします。もし間違って図書館の本をぬらしてしまったり、汚してしまったりしたら、そのまま返却せずに、学校司書に申し出るように話します。このことはすべての学年で状況に応じて伝えます。

　さらに、又貸しはトラブルのもとになるので、自分が借りた本は責任を持って返すことを話します。

分類をもとに本をみつけよう

年　　組　名まえ＿＿＿＿＿＿＿＿＿＿＿

1.（　　）類のたなから本を1冊選んできましょう。

あなたのみつけた本の名まえはなんですか？書名を書きましょう。

『　　　　　　　　　　　　　　　　　　　　　　　　　　　』

2. どんな内容の本でしたか。

3. あなたがみつけた本のラベルを見て書きましょう。

分類番号
番号でどんな種類の本かわかります

図書記号 または
著者記号　書いた人の名字の頭文字

巻冊記号
全集やシリーズなどの巻数

この本どこかな？見つけてみよう！

年　　組　名まえ＿＿＿＿＿＿＿＿＿＿＿

1. ユニセフの仕事の本はどこにありますか？

類

2. ユニセフの仕事の本を1冊みつけてきましょう。

あなたのみつけた本の名まえはなんですか？書名を書きましょう。

『　　　　　　　　　　　　　　　　　　　　　　　　　　　』

3. あなたがみつけた本のラベルを見て書きましょう。

分類番号
番号でどんな種類の本かわかります

図書記号 または
著者記号　書いた人の名字の頭文字

巻冊記号
全集やシリーズなどの巻数

・小学4年生

　4年生になると、国語の教科書に日本十進分類法（NDC）が紹介されるので、「分類をもとに本をみつけよう」というワークシートを作成しておき、オリエンテーションの中で実際に演習しています。

　少年写真新聞社の『小学図書館ニュース』と全国学校図書館協議会の『としょかん通信』の日本十進分類法を取り上げた号も、分類の説明に活用します。

・小学5年生

　5年生では、読書記録カードに冊数ではなく読んだページ数を記入するようになることを説明します。高学年になると読む本のページ数が増えるので、なかなか10冊に達しません。そこで読んだ本のページ数の合計が600ページを過ぎたところで1冊券をもらえるようにしています。

　ワークシート「分類をもとに本をみつけよう」を使った日本十進分類法の指導、新聞記事コーナーの紹介や、雑誌コーナーの紹介も繰り返し行います。

・小学6年生

　5年生までと同じく貸出冊数・貸出期間の確認と、日本十進分類法、ラベルの数字の見方、雑誌・新聞の活用などに加えて、パンフレット資料（職業調べ・千葉県の偉人・落語・郷土料理・袖ケ浦市資料・千葉県資料・故事成語などの新聞記事や、パンフレットをファイルしたもの）を紹介します。

　このように最初の図書の時間を使って、学校図書館オリエンテーションを行いますが、1年に一度だけの指導ではすべてを身につけることはできません。

　全学年を通して、返却する時にラベルの数字をよく確認して決められた書架に戻すこと、図書館の図書は分類で並んでいるから早く見つけることができることを定期的に繰り返し話します。しかし、片づけるのが面倒なのか、急いで借りたい本を取りに行きたいのか、絵本のコーナーに4類の本や9類の本が入れられていることもあります。「自分にとっても、みんなにとっても使いやすく便利な図書館」を呼びかけて、きちんと決められた書架に戻す、わからない時は学校司書に聞くということを徹底させましょう。

②中学校でのオリエンテーション

・中学1年生

　中学校では図書の時間が割り当てられていないので、新年度のはじめで忙しい時期にオリエンテーションの時間を生み出すのもひと仕事です。司書教諭や図書主任に相談して、予定を入れてもらうとよいでしょう。私の場合は、国語科の教科担任にお願いする場合や、学年主任に相談して"総合的な学習の時間"の中に時間を取ってもらう場合が多くありました。

　中学生にとっても、学校図書館は役に立つ場所、楽しい場所と思ってもらうことが大切です。図書館のしくみや使い方を再確認させて学校司書のことを知ってもらい、図書館を身近に感じてもらいましょう。

　図書館の本は日本十進分類法で分類され配架されていることを話し、実際に本を探してワークシートに答える演習を行います。

　すべての本が、類・綱・目に分けられているしくみを説明すると、先生の方が「へえー知らなかった」と驚きの声を上げることもあります。生徒たちには、このしくみのおかげで数万冊の蔵書から必要な本をすぐに手にすることができること、だからこそ返却の際はラベルの場所へきちんと戻すことが重要と話します。

中1　オリエンテーション

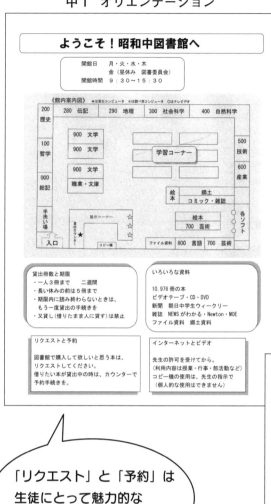

ようこそ！昭和中図書館へ

開館日	月・火・水・木
	金（昼休み　図書委員会）
開館時間	9：30〜15：30

《館内案内図》　★は貸出コンピュータ　☆は調べ用コンピュータ　◎はテレビ・ビデオ

200 歴史	280　伝記	290　地理	300　社会科学	400　自然科学

900　文学		500 技術
900　文学	学習コーナー	
900　文学		600 産業
職業・文庫		
	絵本	郷土
		コミック・雑誌

手洗い場

展示コーナー　☆
貸出カウンター★
入口
コピー機

	絵本	各ソフト
	700　芸術	
ファイル資料	800　言語	700　芸術	

貸出冊数と期限
・一人３冊まで　　二週間
・長い休みの前は５冊まで
・期限内に読み終わらないときは、
　もう一度貸出の手続きを
・又貸し（借りたまま人に貸す）は禁止

いろいろな資料
10,976 冊の本
ビデオテープ・CD・DVD
新聞　朝日中学生ウィークリー
雑誌　NEWS がわかる・Newton・MOE
ファイル資料　郷土資料

リクエストと予約
図書館で購入して欲しいと思う本は、
リクエストしてください。
借りたい本が貸出中の時は、カウンターで
予約手続きを。

インターネットとビデオ
先生の許可を受けてから。
（利用内容は授業・行事・部活動など）
コピー機の使用は、先生の指示で
（個人的な使用はできません）

> 説明の途中に「ではワークシートを書いてみましょう」と声をかける、本を探させるなど、動きを入れて、飽きないように工夫しましょう。

⇒ p.128

> 「リクエスト」と「予約」は生徒にとって魅力的なサービスです。

学校図書館ワークシート　　年　　組　氏名 _____

ワーク１　学校司書の名前を書こう　　_____ 先生

ワーク２　貸出期間はどのくらいですか？　_____

ワーク３　貸出冊数は何冊ですか？　_____

ワーク４　学校図書館の本を１冊選んで、書名・分類を見てみましょう。
　　　　　選んだ本の書名を書きましょう。
　　　　『_____』

ワーク５　本のラベルを見て記入しましょう。

　　　　　　　　分類記号（数字３つ）
　　　　　　　　図書記号（著者の頭文字）
　　　　　　　　巻冊記号（何巻目か）

ワーク６　図書資料（本）の他にどんな資料がありますか。

_____
_____
_____

その後に、貸出冊数や貸出期間、リクエストや予約のシステム、インターネット使用の約束、マンガは館内閲覧のみ、雑誌や新聞記事は貸出ノートに記入することなど、ルールの説明を行います。どうしても説明が多くなってしまいますが、要点を押さえてテンポよく話すよう心がけ、中にクイズや生徒の発言を促す問いを入れるようにします。話を聞きながらワークシートに記入する時間も取ります。

その後ブックトークをして3～5冊ぐらい本の紹介を行い、生徒に館内をめぐって本を選んでもらい、貸出を行います。

・中学2年生

中学2年生でオリエンテーションを行う頃には、各教科の授業がスタートしています。そこで授業と連動したオリエンテーションと学習ガイダンスを行うようにしています。

ある年度は国語で方言を調べる学習のはじめに時間をもらいました。中学校での生活に慣れ、昼休みの学校図書館での過ごし方がにぎやかになってくる時期でもあるので、はじめに「図書館はみんなにとって居心地のよい場所になっていますか？」と問いかけ、図書館マナーの再確認もします。

その後、国語で方言を調べて発表会を行う授業予定を教科担任から話してもらい、その学習のガイダンスを行います。作品には著作権があること。調べたことの書誌情報を書くには奥付を見るとよいこと。奥付の場所、見方の確認の後、選んだ本の奥付を探し、生徒は実際に書誌情報（書名・出版社名・著者名・発行年月日・ＩＳＢＮ）をワークシートに記入します。続いて、方言調べ発表会に向けて、発表の仕方のアドバイスも行いました。

ある年度に社会の授業でオリエンテーションを行った際は、授業で学習する"アメリカ"に関する本を見つけるワークシートを活用しました。手順は以下のとおりです。

アメリカに関する本（少しでもアメリカや英語についての記述があればよい）を0類～9類の棚からそれぞれ10冊見つけます。班ごとに協力して10分間で探し、見つけられたら書名をワークシートに書き込みます。その後、分類ごとにどんな記述があったかを班ごとに発表し合います。この活動で、「アメリカに関する本」といっても、2類の棚だけではなく、様々な棚に隠れていることに気づくことができます。

別の年度では、中国に関する本のワークシートも用意して、アメリカ班と中国班に分けて行ったこともあります。

・中学3年生

　中学3年生のオリエンテーションは社会の授業のはじめに行いました。まず、学校図書館の本はだれが買っているのかを生徒に問います。「先生？」「親じゃないの？」などの声が聞こえたところで、学校図書館の本は大切な税金で購入されていることを話します。袖ケ浦市の広報紙を見せて、そこに掲載されている市の予算の概要（歳出費233億7000万円　うち教育費27億8734万円　2019年度）を伝えます。さらに調べ学習用の本を1冊手に取り、この本の値段はいくらかな？　と問いかけます。『まるごとわかる「モノ」はじまり百科⑤遊び・スポーツ』（日本図書センター）の値段は¥4,400＋消費税であることを伝えると「へえー高いね」と驚かれます。学校図書館にある本は、みんなの財産であること、返却が遅れるとほかの生徒が必要な時に調べられないこと、シリーズものが1冊でもなくなると、続きが読めなくて困ることを話し、不明図書を出さない意識を持たせるようにします。

　後半は、授業で予定されているディベートの準備として、生徒はワークシートの問題を図書や雑誌、資料を使って調べ、班ごとに発表する活動を行います。

　まず12問の問題を1班は1番と7番担当、2班は2番と8番担当というように6班に2問ずつ振り分けます。インターネットは使用せず、館内にある図書・雑誌・資料から答えを見つけること、10分間で協力して答えを探してワークシートに記入することを説明したら作業を開始します。

　次は班ごとに前に出て発表です。時間は各班3分間で、班の一人ひとりに役割を定めておきます。一人が調べた問題を言い、一人が答えののっていた資料名を発表し、一人が資料の実物を見せます。さらに、一人がわかった答えを言い、一人がどうやって答えにたどりついたのかを話します。最後の一人が「これで○班の発表を終わります」と言い、必ず全員が役割を果たすようにしています。

　この時間では、『日本国勢図会』・『世界国勢図会』・『データでみる県勢』（矢野恒太記念会）、『理科年表』（丸善出版）、『朝日ジュニア学習年鑑』（朝日新聞出版）、『現代用語の基礎知識』（自由国民社）などの参考図書の存在に気づかせ、どんな事柄がのっているのかを知ってもらうことをねらいに、問題を作っています。

　これらの参考図書のすべてを蔵書として置くことが難しい場合は、ワークシートを使う時だけ公共図書館から借りて紹介してもよいでしょう。

中2　オリエンテーション　⇒ p.128

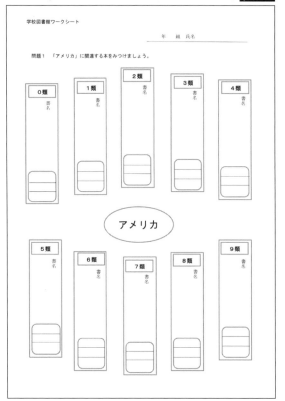

学校図書館ワークシート

年　組　氏名

問題1　「アメリカ」に関連する本をみつけましょう。

| 0類 書名 | 1類 書名 | 2類 書名 | 3類 書名 | 4類 書名 |

アメリカ

| 5類 書名 | 6類 書名 | 7類 書名 | 8類 書名 | 9類 書名 |

> 班ごとに様々な本を見つけてくるので、「アメリカに関する本がこんなにたくさん隠れていたんだ」とみんな驚きます。

中3　オリエンテーション　⇒ p.129

学校図書館オリエンテーション　ワークシート

参考図書を使って調べよう！

年　組　氏名

調べることがら

わかったこと

参考図書〔資料名〕

> こちらが想定していた本とは違う本から答えを見つけてくることもあります。どうやって探したかを発表してもらうのも楽しみです。

1	日本の食料自給率はどれくらい	7	数字のつく四字熟語を探しなさい
2	日本人のノーベル賞受賞者	8	生物多様性とはどんなことか
3	ニューヨークと東京の気温の変化を比較	9	始皇帝とはどんな人か
4	GDP（国内総生産）の産業別割合	10	国産電気冷蔵庫はいつできたか
5	京都で有名な京野菜をあげなさい	11	本についているISBNとはなんのことか
6	主なレアメタル生産量の多い国は	12	福島県の米の取れ高は年間どれくらい

3節　参考図書（調べるための図書）の指導

小学校で使われる参考図書

①図鑑

　15年勤めた中学校を離れ、小学校に異動してすぐに3年生を受け持つ先生から「図鑑の使い方を指導してほしい」と依頼が入りました。仲間の小学校司書に相談しながら、指導の流れを考えました。

　最初の指導では、実物投影機を使って図鑑を大きく映しながら話を進めましたが、次年度以降は、機械を使わずに本の読み聞かせのように学校司書の近くに子どもたちを集めて図鑑を見せながら、代表の児童に目次や索引を引いてもらい、子どもの顔を見ながら進めるようにしました。こちらの方が反応がわかりやすいので、その後様々な活動前の説明も学校司書のまわりに半円形に座ってもらい話をしてから、席でワークシートに取り組んでもらうようにしています。

　小学3年生に向けて図鑑の指導を始めてから6年目になりますが、現在は2時間使って図鑑の使い方を学び、その後、生き物をテーマとした調べ学習を前期の図書の時間に行うようになりました。

　小学3年生は、情報活用能力の基本を身につける学年ととらえています。そのはじめの一歩が、図鑑の指導です。

★図鑑の使い方指導のポイント

●「目次」で探す	調べたいものの名前がわからない時は、目次にある同じ種類の仲間から探す。場所は本の前の方にある
●「索引」で探す	調べたいものの名前がわかっている時は、五十音順に並んでいる索引を使って探す。場所は本の後ろの方にある
●「この本の使い方」を知る	本の中で使われている記号の意味や見方の説明が書かれている。場所は本のはじめにある

小3 ずかんのつかいかた ⇒ p.129

ずかんのつかいかた

ねん　くみ　なまえ

しらべたいものを早く見つけるために、「もくじ」や「さくいん」をつかおう。

もくじ　「もくじ」はしらべたいもののなかまから、のっているページをさがせるよ！

☆　ずかんのはじめにあります。
☆　おなじなかまのものをあつめて、見出しをつけています。

もくじ
目次　こんちゅう
昆虫

1．上の「目次」を見て、こたえましょう。

虫のなまえ	なかま	ページ
アゲハチョウ		
シオカラトンボ		
スズメバチ		

> あっという間に答えを見つけて次の「さくいん」に進みたがる児童がたくさんいます。

⇒ p.130

さくいん　「さくいん」はしらべたいもののなまえがわかっているときにつかえるよ！

☆　ずかんのうしろにあります。
☆　しらべられることばが、「あいうえお」のじゅんにかいてあります。

さくいん

2．上の「さくいん」を見て、こたえましょう。
つぎの虫は、何ページにのっていますか。
ニイニイゼミ　（　　　　）ページ
モンシロチョウ　（　　　　）ページ

3．『ずかん』をつかって、じぶんのしらべたことをかきましょう。

しらべるものの名まえ	ずかんの名まえ		ページ
わかったこと （大きさ、すんでいるところなど）		えをかこう	

> 児童は、
> 3.の「わかったこと」「えをかこう」には時間をかけてとてもていねいに取り組みます。

②国語辞典

　国語辞典の使い方は小学３年生の国語の教科書に掲載されています。日頃は学級担任が指導しており、教室に国語辞典を貸し出して使うことが多いのですが、３年生の学年主任から「国語辞典の使い方の指導を学校図書館にお願いしたい」と要望を受け、司書教諭とともに指導の手順を考え、資料も作成しました。実際に司書教諭に３年生の全学級で指導してもらいました。次年度も同じように司書教諭が全クラスで指導を行いましたが、さらにワークシートも作成して、学んだことの復習を兼ねて皆で取り組みました。

★国語辞典の使い方指導のポイント

●五十音順に言葉（辞典では見出し語という）が並んでいる	
●国語辞典で見出し語を探す時には、「つめ」と「はしら」が役に立つ	
●見出し語は言い切りの形でのっている	
●使い方は、出版社によって違うので「この本の使い方」を見て、確認する	
●見出し語の並び方にはルールがある	清音、濁音、半濁音の順番で並んでいる ホール→ボール→ポール
	小さく書く字は、大きく書く字の後になる しつけ→しっけ
	「カード」「シール」のように伸ばす音がある見出し語は、「かあど」「しいる」のように置き換えられて並んでいる

小3　国語辞典の使い方　⇒ p.130

大人でも悩む問題もあります。問題を作る際には、辞典を実際に引いて確認することが大切です。

③漢字辞典

　漢字辞典は4年生の国語で使用しています。教室にクラス人数分を貸し出して、学級担任が指導をしています。どのクラスも熱心に活用しているようで、夏休み前まで4年生の各教室を漢字辞典35冊が渡り歩くという状態です。

★漢字辞典の使い方指導のポイント

●漢字の読み方や使い方を知る時に使う	
●わかっていることによって「索引」を使い分けて探す	部首がわかっている時→「部首索引」
	読み方がわかっている時→「音訓索引」
	読み方も部首もわからない時→「総画索引」

小4　漢字辞典の使い方を知ろう　⇒ p.131

漢字辞典の使い方を知ろう　　年　組　名まえ

1　漢字辞典を使うときに役に立つ、3つのさくいんの名まえを書きましょう。

「　　　　　　　」さくいん　・部首がわかっているとき
「　　　　　　　」さくいん　・漢字の読みがわかっているとき
「　　　　　　　」さくいん　・部首も読みもわからないとき

2　「部首さくいん」を使って、部首の読みかた、画数、出ているページを調べて書きましょう。

部首	イ	一	厂	宀	彳	言
部首名	にんべん					
画数	2					
ページ	27					

3　「部首さくいん」を使って、次の漢字をさがし、部首名と漢字の読みかたを書きましょう。

漢字	海	好	枝	絹	筋	値	拝
部首名	さんずい						
音読み	カイ						
訓読み	うみ						

⇒ p.131

漢字辞典の使い方　　年　組　名まえ

1　「音訓さくいん」を使って次の読み方の漢字をさがして書きましょう。

読みかた	あせ	あつ	おき	ざ	なえ	はい	みなもと	ろん
漢字	汗							

2　「総画さくいん」を使って次の漢字を調べて、漢字の音読みを書きましょう。

漢字	並	勢	暖	誠	蒸	貴	疑	困
音読み	ヘイ							

3　「総画さくいん」を使って次の漢字を調べて、じゅく語を書きましょう。

漢字	墓	呼	存	孝	危	否	模
じゅく語	墓地						
読みかた	ぼち						

> 授業が終了しても
> まだ粘ってがんばる児童もいます。

④百科事典

　わからないことや知りたいことがあった時、最初にあたってほしい参考図書が百科事典です。昭和小学校では、司書教諭が4年生の全クラスで2時間入って指導をしており、調べたいことに早くたどり着くための方法や百科事典の特徴を学ばせます。ここ数年は少し早めて、3年生の後半に百科事典の指導を入れるようにしています。

　昭和小学校では『総合百科事典ポプラディア』全12巻（ポプラ社）を2セット保有していますが、クラスを6班に分けて指導を行うため、4セットを市内の小・中学校から借りて6セット用意します。ポプラ社のホームページに指導例や指導案が掲載されているので、指導する際に活用するとよいでしょう。

★百科事典の指導のポイント

●調べられる項目が多いので複数巻に分かれていること
●索引が1冊にまとめられていること
●引きたい言葉の頭文字を各巻の背の文字から探す、または索引の巻から探すことができること
●小口にある「つめ」を使うと探しやすいこと
●ページの左上、右上に「はしら」があり、最初の言葉と最後の言葉がのっていること
●リンクになっている言葉があり、そこからさらに調べることができること
●大項目のページには詳しい説明があること

⑤年鑑

　統計資料の読み取りは、5年生の社会の授業で有効に活用できます。昭和小学校では『朝日ジュニア学習年鑑』（朝日新聞出版）を他校より借りてクラスの児童に1冊ずつ持たせ、書誌情報、ラベルの見方、どんなことが調べられるのか、調べる時に目次と索引が有効であることなどをワークシートを使って気づかせました。

　例えば「日本の小学校の数」を調べた時に、子どもたちは目次と索引に「小学校」という言葉がないことに気づきます。そこで、目次の「教育」という言葉や索引の「学校」という言葉にたどり着き、そこから調べたい「小学校の数」を見つけることができました。

　また、使用した年鑑には出版年が違うものがありました。各自の書いた小学校の数

が違っていることから、「小学校の数が減っているよ」と気づいた児童もいました。

また、4年生の授業でも資料を読み取るためのワークシートを作成して、農産物の中から千葉県が一番のものを統計資料から探す学習も行いました。

小4　年鑑の使い方を知ろう　⇒ p.132

年鑑の使い方を知ろう

年　組　氏名

1　あなたが手にしている年鑑について奥付を見て書こう。

本の題名	
編者	
発行所（出版社）	
出版年	

2　『朝日ジュニア学習年鑑』を見て、どんな情報がのっているか、どんなことが調べられるか、わかったことを書こう。

_____

_____

_____

3　ラベルをみて分類番号、著者記号、巻冊記号を書こう。

4　「日本に小学校はいくつあるか」を調べよう。

_____

> 「目次」「さくいん」を使うことがポイントです。巻冊記号にも注目！

小4　資料を読み取ろう

資料を読み取ろう

年　組　氏名

1　右の資料は何年の調査ですか。

_____年

2　千葉県のとれ高が全国1位の野菜はなにがありますか。

_____

_____

3　すいかのとれ高が全国1位の県はどこですか。

_____

4　資料を見て、わかったことや考えたことを書こう。

_____

野菜のとれ高と主要生産県（2016年）

【資料】野菜の作付面積、収穫量及び出荷量（農林水産省）

作物	全国	順位①		②		③		④		⑤	
だいこん	136,20万t	千葉	15.57	北海道	14.71	青森	12.68	鹿児島	9.73	神奈川	8.87
かぶ	12.87	千葉	3.65	埼玉	1.72	青森	0.76	滋賀	0.58	京都	0.51
にんじん	56.68	北海道	14.68	千葉	10.87	徳島	5.20	青森	3.84	長崎	3.05
ごぼう	13.76	青森	4.87	茨城	1.52	北海道	1.23	宮崎	0.98	群馬	0.81
れんこん	5.98	茨城	2.80	徳島	0.72	佐賀	0.59	愛知	0.37	山口	0.34
さといも	15.46	千葉	2.07	埼玉	1.83	宮崎	1.05	栃木	0.94	愛媛	0.88
やまのいも	14.57	青森	5.34	北海道	5.10	長野	0.80	群馬	0.57	千葉	0.56
はくさい	88.87	茨城	24.24	長野	22.93	群馬	2.85	栃木	2.71	北海道	2.46
キャベツ	144.60	群馬	26.04	愛知	25.16	千葉	12.90	茨城	10.71	神奈川	7.56
ほうれんそう	24.73	千葉	3.49	埼玉	2.52	群馬	2.08	宮崎	1.98	茨城	1.69
ねぎ	46.48	千葉	6.52	埼玉	5.99	茨城	4.87	北海道	2.24	群馬	2.00
たまねぎ	124.30	北海道	84.37	兵庫	8.70	佐賀	8.41	愛知	3.19	長崎	2.47
なす	30.60	高知	3.89	熊本	3.07	群馬	2.35	福岡	1.79	茨城	1.78
トマト	74.32	熊本	12.93	北海道	5.92	愛知	4.90	茨城	4.69	千葉	4.12
きゅうり	55.03	宮崎	6.13	群馬	5.19	埼玉	4.74	福島	4.06	千葉	3.37
かぼちゃ	18.53	北海道	8.29	鹿児島	0.91	茨城	0.81	長野	0.64	宮崎	0.52
ピーマン	14.48	茨城	3.39	宮崎	2.70	高知	1.30	鹿児島	1.30	岩手	0.80
さやえんどう	1.84	鹿児島	0.28	愛知	0.14	福島	0.11	和歌山	0.09	熊本	0.07
えだまめ	6.60	千葉	0.67	群馬	0.63	山形	0.60	埼玉	0.54	新潟	0.54
さやいんげん	3.95	千葉	0.63	福島	0.38	鹿児島	0.33	北海道	0.28	沖縄	0.18
いちご	15.90	栃木	2.51	福岡	1.56	熊本	1.02	静岡	1.01	長崎	0.96
すいか	34.48	熊本	4.87	千葉	4.13	山形	3.37	長野	2.17	鳥取	2.07
メロン	15.82	茨城	4.16	熊本	2.47	北海道	2.16	山形	1.10	愛知	1.04
レタス	58.57	長野	20.58	茨城	8.61	群馬	5.04	長崎	3.61	兵庫	2.85
カリフラワー	2.04	茨城	0.22	徳島	0.21	熊本	0.204	愛知	0.195	香川	0.17
ブロッコリー	14.23	北海道	2.04	愛知	1.48	埼玉	1.39	香川	1.17	長野	0.89

[注]「やまのいも」には、ながいも及びつくねいもを含みます。じねんじょは除く。

『朝日ジュニア学習年鑑2018』朝日新聞出版　p149より

> 「4　資料を見てわかったこと」をしっかり考えて書き込んでもらいましょう。

中学校の全教科と図書館が連携

　私が学校司書として初めて勤務したのは袖ケ浦市立蔵波中学校でした。それから15年間、中学校の学校図書館で働きました。その時の経験が授業で学校図書館を活用してもらうことに力を注ぐ源になっていると思います。

　勤務を始めた当時は「総合的な学習の時間」が導入され始めた時期でした。そこで「総合的な学習の時間」に3年生のみ「総合 読書」という蔵波中学校独自の内容が設けられました。その時間の中で、ブックトークをして、戦争をテーマに展示を行い、国語と連携して戦争について調べ、まとめたことを冊子にし、発表会を行うという活動ができました。

　その翌年には3学年とも「総合 読書」が設けられ、現在の探究型学習のもとになる活動が行われるようになりました。20年たった現在もこの「総合 読書」は続けられ、疑問に思ったことを自ら調べてまとめるだけではなく、発表会という形で全校に発信するという活動に深化しています。袖ケ浦市では学校図書館を活用した授業や活動を総体的に「読書教育」「読書」ととらえています。

　2校目の平川中学校では、学校図書館との連携授業は社会、国語だけではなく、家庭科、美術科、理科、英語などにも広がり、教科横断的な活動も行われました。3校目の昭和中学校では、ディベートやジグソー法での発表会の支援も行い、さらに全教科との連携を果たすことができました。どの教科も短い授業時間の中で少しでも探究的な学習に深められるように、学校司書として様々な工夫を凝らしました。

学校図書館を学びのキーステーションに

　小学校に異動すると、「図書の時間」を使っての読み聞かせや本の紹介などの読書活動は充実していましたが、授業では教室に資料を持ち込んで活動することが多く、学年全体が同じように活動できない場合もありました。そこで中学校で行ってきた実践例を研修等で紹介し、担任から相談があった時には過去のワークシートや事例を伝えて、参考にしてもらいました。異動から6年たった現在では、司書教諭、学校司書が学年の先生と事前に打ち合わせを行い、学年全体で共通理解しながら授業を進めることができるようになりました。図鑑や百科事典の使い方、情報カードの書き方などの情報学習や総合的な学習の時間では、学校図書館が学びのキーステーションになったと自負しています。

新学習指導要領にも明記された「学校図書館の重要性」

　新しい「学習指導要領」には、「学校図書館を計画的に利用しその機能の活用を図り，児童（生徒）の主体的・対話的で深い学びの実現に向けた授業改善に生かすとともに，児童（生徒）の自主的，自発的な学習活動や読書活動を充実すること。」と、小学校・中学校の学習指導要領総則編　第1章の第3の1（7）に明記されており、学校図書館が学校教育の中で重要な役割を担っていることに、喜びと責任を痛感させられます。

「主体的な学び」とは、学ぶことに興味や関心を持ち、見通しを持って粘り強く取り組み、自らの学習活動を振り返って次につなげる学びのこと。

「対話的な学び」とは、児童同士の協働、教員や地域の人との対話、先哲の考え方を手がかりに考えること等により、自らの考えを広げ深める学びのこと。

「深い学び」とは、各教科などで習得した概念や考え方を活用した「見方・考え方」を働かせ、問いを見いだして解決したり、自己の考えを形成したり、思いをもとに構想、創造したりすることに向かう学びのことと、それぞれ定義されています。

　これらの課題に学校図書館として応えられるように、司書教諭とともに努めて、授業支援の経験を増やしてきました。「こんな授業をしたい」という教師の思いを受け、相談や提案を重ねて、資料の収集や足りない資料の補強、ワークシートやブックリストの作成、環境の整備などを少しずつですが行うことができました。

　2章と3章では、小学校・中学校で行った、学校図書館が連携した授業と支援の事例を紹介していきます。

小学校｜1年｜国語　たのしくよんで、ほんをしょうかいしよう

　1年生の先生から、国語で動物の出てくる本をたくさん読ませて紹介させたいので、本を集めてほしいとの依頼を受けました。そこで、学校図書館の絵本の中から動物の出てくる本をピックアップするとともに、中央図書館や他校からも本を借りて、ブックトラックいっぱいに動物の出てくる絵本を集めました。

おはなしどうぶつえん読書の記録

　最初の授業では、学校司書が動物の出てくるお話の読み聞かせをした後に、担任が「おはなしどうぶつえん」を作ることを話し、動物の出てくるお話に興味を持たせました。その後、教科書の「りすのわすれもの」を学習しながら、動物の出てくる絵本の並行読書を行い、"おはなしどうぶつえん読書の記録"に読んだ本と出てくる動物の名前と心に残ったところを書き込みました。10冊読まないともらえない1冊券（12ページ参照）を、動物の出てくる絵本なら5冊でもらえるという特典をつけたので、児童は張り切って本を読んでいました。

　1年生の後半になると、長い童話を読んで楽しめる児童がいる反面、まだ文章を読むことが苦手で、絵をながめるとすぐに別の本に手を出してしまう児童もいます。苦手な児童には担任や学校司書がそばについて一緒に読むようにしました。

　その後の図書の時間では、学校司書が動物の出てくる本の読み聞かせをしました。その時に読んでもらった本も読書記録に入れてもよいことにして、紹介する本の選択肢を増やして、本への興味を持たせるように工夫していました。

たくさんの動物が登場します。

しょうかいカードで友だちに本をすすめる

　次の授業では、読んだ本の中から友だちに紹介したい本を選びます。児童は選んだ本をもう一度読み、「しょうかいカード」に題名、書いた人、出てくる動物、おすすめのポイントなどを書きます。書いたカードは、教師が作製した模造紙の「おはなしどうぶつえん」の中に貼ります。

カードを書く時には、担任とともに学校司書も児童のそばにつき、手助けが必要な時には声をかけました。カードを貼ってみると、準備段階で多くの本を集めていたおかげで、動物の種類も偏らず、本当の動物園のような掲示ができました。動物園が完成すると、みんなの前でカードの内容を発表し合いました。

　その後、カードに書かれた本を読み合いました。その本を読んだ子どもは、そのカードの下に自分の名前を書いた「おきゃくさまカード」を貼っていきました。どの児童のカードの下にも、読んだ児童の名前がたくさん貼られて、さらにたくさんの絵本を読み合ったことがわかりました。

　1年生の時期では本を読むことに慣れて、読むことが好きになることが大切です。一人の読書を楽しみ、次に自分の読んだ本を紹介し、紹介された本を読み合うことで、友だちと共感し合い、興味を広げられるよい読書活動ができました。日頃の図書の時間では、1年生は読書活動が中心で、学校司書が読み聞かせや素話、パネルシアターなどを行い、その後、本の貸出を済ませて個人で読書をするという流れになっています。しかし、今回のように国語のＴＴとして授業に入らせてもらうと、児童の読み取る力や書く力がわかり、図書の時間に児童を指導する際の参考にもなります。何よりうれしいのは、同じ本をともに読み合うことで児童とより親しくなれることです。

次年度の取り組み

　次年度では、司書教諭・担任・学校司書がブックトーク風に、1冊ずつ本の紹介を行いました。また、教室に「○○先生のおすすめ」とカードを貼った絵本もたくさん用意し、そのほかに動物の出てくる絵本やお話をたくさん置いて読み合いました。ブックトークで紹介した本は多くの児童に読まれ、次に先生方のおすすめの本も多く読まれました。たくさん読んだ中で一番気に入った本は「とっておきの本　しょうかいカード」に書いてもらいました。カードには本の題名、書いた人、おすすめのポイントを書くのに加えて、自分が感じたことを表すシール（ピンク…いい話　緑…はじめて知った！　赤…笑っちゃった！　青…かわいそう　黄色…その他）を貼るようにしました。カードが書けたら、自分と同じ色のシールを貼った人を探して、互いに感想を伝え合う活動をしました。みんなうまく伝え合えて、とても素敵な授業になりました。担任は「この授業をしてからクラスがしっとり落ち着いてきました」と話してくれました。

📖 サポートのポイント

○「しょうかいカード」「おきゃくさまカード」で読書の促進を図る

○学校司書がＴＴとして授業に参加し、個別指導も行う

※覚えたお話を本を使わずに聞き手の顔を見ながら語ること。ストーリーテリングともいう。

小学校 1年 国語 ── のりものをしょうかいしよう

　本を使って調べて、わかったことを文章にする学習が、この「はたらくじどう車」を調べる活動です。教科書では、バス、コンクリートミキサー車、ショベルカーなどの「やくわり」と「つくり」について、書かれている順序に気をつけて読む、「やくわり」に合わせた「つくり」を文章中から書き抜くなどの、読み取る学習をします。

　次の段階では学校司書が集めたたくさんの本の中から、自分の調べたい車を選びます。「やくわり」と「つくり」がわかりやすく説明されている本をなるべく多く集めてほしいという担任の先生からの依頼を受けて、他校や袖ケ浦市立中央図書館と近隣の木更津市図書館、県立図書館からも本を取り寄せてもらい、準備をしました。

　児童は本の中から選んだ車の「やくわり」と「つくり」を文章の中から見つけて、付箋を貼っていきます。担任は「やくわり」は一番大事な仕事、「つくり」は「やくわり」のために必要なものと説明し、見本としてバスを使って"バスはおおぜいの人をいちどにのせることのできる車です"（やくわり）。"おおくの人がすわれるように、たくさんのざせきがならんでいます"（つくり①）。"たっている人のために、手すりやつりかわなどがとりつけられています"（つくり②）。と紹介します。「やくわり」と「つくり」の説明の間に「ですから」の言葉を入れてみて、文章のつながりがおかしくないかを確認します。

短冊メモと探検バッグの活用

　次に児童全員が持っている教材の探検バッグ（用紙をのせて、字が書けるように硬いボードがついている）のボードの部分を使って、はたらく車の「やくわり」と「つくり」について書いた短冊状のメモ用紙を貼るための場所として使用します。自分が調べた乗り物の名前を書いて、「やくわり」を書いた短冊と「つくり」を書いた短冊をセロハンテープで貼っていきます。その後「ですから」を記した用紙と結びつけて、「やくわり」と「つくり」が対応しているかを確かめさせます。もし対応していない文章だったら、その短冊は「バイバイコーナー」に移動させます。この授業でも教室でＴＴとして、文章を読むことが苦手な児童数名を手助けしました。ほとんどの児童が、自分の力で調べた車の「やくわり」と「つくり」を短冊に書いてボードに貼ることができていました。文章を書くのは難しいという気持ちを児童に持たせないように、短冊メモを自由に動かして、文章を組み立てていくという担任の工夫があふれた指導でした。

その後は、一人1冊ずつ「のりものずかん」を作り、友だちと読み合い、最後は自分の調べた「やくわり」と「つくり」を問題にして、はたらく車が何かをあてるクイズ大会を開いて、各自が「乗り物博士」となるようにしました。

見通しがわかるように、学習の流れが大きく書かれた掲示物も用意され、学習し終えたところでしるしを貼り、次の活動を楽しみにしながら学習が進められました。

本がいつでも手に取れるように

担任の手によって、朝の読書タイムや、休み時間にいつでも本が読めるようにはたらく車の本のコーナーを設けられるとともに、車の模型も複数展示されて、実際にどんな動きをするのかを触ってみることができました。担任の細やかな準備が散りばめられた教室で、児童はわくわく楽しみながら授業を受けました。

この授業でも学校司書がＴＴとして教室での授業に入り、助けが必要な児童について一緒に学習することによって、児童と親しくなり、一人ひとりの個性や学習進度を知ることができました。

がくしゅうけいかくひょう

1	○「のりものずかん」をつくって、クイズ大かいをひらくことを しる。
2	○はたらくじどう車には、どんなじどう車があるか しる。
3	○バスの「やくわり」と「つくり」について よみとる。
4	○ショベルカーの「やくわり」と「つくり」について よみとる。
5	○ポンプ車の「やくわり」と「つくり」について よみとる。
6	○コンクリートミキサー車の「やくわり」と「つくり」について よみとる。
7	○じぶんの のりたい のりものを えらぶ。
8	○えらんだ のりものの「やくわり」と「つくり」について よみとり、メモをかく。
9	○つくりと「やくわり」がむすびつくか かくにんする。
10	○メモをもとにして、せつめいする ぶんしょうを かく。
11	○せつめいする ぶんしょうの まちがいを なおす。
12	○なおした ぶんしょうに あった えを かく。
13	○せつめい文を せいしょする。
14	○「のりものずかん」をかんせいさせて、「わかったことや「はじめてしったこと」などを はなしあう。
15	○のりものの もけいを さわったり 見たりする。
	○あさのかいや かえりのかいの じかんに 「クイズ大かい」をする。

学習の流れがひと目でわかる計画表。

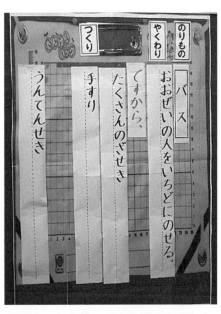

短冊カードを使って文を組み立てます。

📖 サポートのポイント

○「つくり」と「やくわり」がわかりやすく書かれている本を集める

○学校司書がＴＴとして授業に入り、手助けの必要な児童の応援をする

小学校　2年　国語　図書かんで本をさがそう

　昭和小学校では2年生は校外学習として、毎年7月に袖ケ浦市立中央図書館へ見学に出かけます。その前に学校図書館で3時間かけて図書館のことを学習しています。

まずは絵本の読み聞かせ

　1時間目は、絵本『としょかんねずみ』（瑞雲舎）を読み聞かせします。子どもたちはこの話がとても好きで、皆よく聞いてくれます。読み終わった後、『としょかんねずみ』クイズを出します。

　このように本の内容をクイズで振り返りながら、図書館の分類や各コーナーの意味を説明し、図書館のことを学びます。案外細かなところまでよく聞いていて、正解してくれる子がいるので驚きました。

> Q.1　ねずみのサムはどこにすんでいるでしょう？
> A.1　図書館の調べ物コーナーの後ろの小さな穴でした。中央図書館にも調べ物のコーナーがありますよ。
> Q.2　サムは図書館で思う存分本を読みました。さてどんな本を読んだでしょうか？
> A.2　絵本　物語　伝記　詩集　料理の本　スポーツの本　妖精　おばけ　それからミステリーでした。
> Q.3　サムが初めて書いた本の題名は何だったでしょう？
> A.3　『ちゅてきなねずみのまいにち』でした。
> Q.4　サムは『ちゅてきなねずみのまいにち』をどこに置いたでしょう？
> A.4　伝記コーナーです。
> Q.5　伝記は昭和小学校図書館ではどこにあるでしょう？（座ったまま館内を見回してごらんなさいと声をかける）
> A.5　2類にあります。
> Q.6　伝記の本はどんな本でしょう？
> A.6　人の一生を書いた記録です。

図書館地図を作ろう

　2時間目は学校図書館内を自由に歩き回って「図書館地図」を作ります。探検バッグを持ってきてもらい、学校司書が作製した昭和小学校図書館地図を児童に手渡します。児童は館内を自由に見て回り、館内にあるものを書いていきます。書架の上にある分類板の数字を書いたり、本の書名や雑誌名を書き込んだりしていきます。また、新聞コーナーや「歴史のたまてばこ」（袖ケ浦市郷土博物館から借りた品を展示するガラスケース。87ページ参照）や郷土資料の場所なども書き込んでいきます。

　3時間目は、交代でカウンター内に入り、児童の調べ物のためのパソコンやコピー機、別置用の本棚を見学します。2年生はカウンター内にパソコンや、コピー機があることを知り、大変驚きます。「みんなもパソコンを使って調べたり、電話でインタビューしたり、ファックスを使って質問を送ったりしましょうね」と話すと、とても楽しみにしているようです。

　書架だけではなく、展示コーナーや手洗い場、雑誌ラックやバックナンバーを保管

するスチール書庫、ファイル資料にも気づくように声をかけていきます。授業の最後には、みんなででき上がった図書館地図を見せ合い、気づかなかったところを記入して各自の地図を完成させます。

公共図書館見学へ出発

　学校図書館地図を作り終えたら、いよいよ公共図書館見学に出かけます。学校司書の私も見学に同行しました。2年生はクラスごとに分かれて、公共図書館の司書から図書館の役割や開館日、貸出冊数、図書館での約束などをクイズ形式で教えてもらいます。続いて閉架書庫へ案内してもらい、収蔵してある図書、過去の新聞・雑誌、ビデオテープやCD、DVDなどの場所を見学します。日頃は入れない場所に入って、子どもたちは興味津々の様子でした。

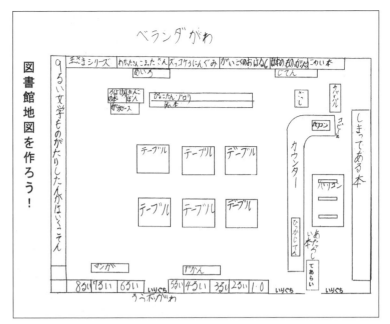

館内をめぐって児童が完成させた図書館地図。

児童は公共図書館の館内を興味津々で見学します。

　見学後、司書から絵本の読み聞かせをしてもらい、その後児童コーナーへ行き、借りたい本を選んで実際に借りる体験をします。図書館見学に出かける前に、家庭へのお手紙を配布し、児童の貸出カードを持っていないご家庭には、作っておくようにお願いしたおかげで、全員が貸出カードを使って本を借りることができました。

📖 サポートのポイント

○絵本を使って、図書館の役割や、本の並び方に気づかせる

○図書館地図を作製して、授業で活用する

生きもののことをせつめいしよう

　この活動では、児童が各自で生き物を一つ決めて図鑑や本を使って調べ、それらをまとめて、クラスで1冊の「生きもの図かん」を作りました。

　図鑑を使って調べる前に、学校司書から、図鑑には目次と索引があることを児童に伝えました。調べる生き物の名前がわかっている場合は索引を、名前はわからないけれど何のなかまかがわかる場合は、目次を使えばよいことを説明しました。

低学年のためのきろくカード

　昭和小学校では、3年生以上は本で調べたことを記録する「情報カード」を使用しています。この2年生の授業では担任、学校司書、司書教諭の3人で相談して、低学年用の「きろくカード」を作成しました。

　きろくカードに書く内容は①見出し、②簡単な絵、③わかったこと、④思ったこと、⑤出典です。1枚につき一つの情報を書くようにして、後で作文を書くときに、順序を考えて並び替えられるように指導しました。

　このカードの特徴は出典を簡略化し、書名と調べたページをきちんと書ければOKにしたところです。

　また、④思ったことを書く時に児童が困らないように、思ったこと言葉集めの用紙を先生が用意しておき、「○○がふしぎ」「はやく飼ってみたいな」「○○がすごかった」「○○とは思わなかった」「くいしんぼうだと思う」などの例が提示されました。

複数の資料をそろえる

　身近な生き物の本は、4類を中心にたくさんありますが、ほかの学年でも貸出が多いので、2年生用に本を確保するとともに、他校や公共図書館から本を借りて提供しました。担任から児童が選んだ生き物を教えてもらい、不足している本をさらに借りて、一人に2冊から3冊は本を手渡せるようにしました。

　あるクラスで調べた生き物は、カブトムシ・イヌ・セキセイインコ・パンダ・ネコ・ウサギ・メダカ・ハムスター・ナマケモノ・フクロウ・ライオン・ダチョウ・バッタ・ハヤブサ・フラミンゴ・カエル・レッサーパンダ・ペンギン・ヘビ・トラ・サメ・クジラ・オオタカなどで、非常にバラエティー豊かでした。

　例えばライオンを調べた児童は、3冊の本を活用して、寝るところ、走る速さ、狩

りの仕方、えさの食べ方、ほかの動物との大きさくらべについて調べ、5枚のきろく
カードを作成しました。こうしてクラスの児童全員がそれぞれ3～9枚のきろくカー
ドを完成させました。

　それらを集めて、表紙は児童が調べた生き物のイラストをはり、目次は担任が作成
し、使用した資料のリストは学校司書が作成して、各クラス1冊ずつ「生きもの図か
ん」を完成させることができました。

　きろくカードを通じて、調べた
情報を書き写すだけではなく、自
分の考えを書くこと、出典を書く
ことなどを学び、3年生以降で使
用する情報カードにつなげること
ができました。

きろくカード　　　　　　　⇒ p.132

きろくカード	年　組

見出し

わかったこと

おもったこと

本のだい名　　　　　　　　　　しらべたページ

絵を描くスペースが
あれば、児童が楽しく
取り組めます。

📖 **サポートのポイント**

○低学年でも使える「きろくカード」を
　作成

○出典は書名とページだけでOK

○図鑑の「もくじ」「さくいん」の使い
　方を指導

小学校	
3年	国語

自分だけの「生き物ブック」を作る

　3年生は、図鑑の使い方や国語辞典の使い方といった、情報活用能力の基本を学ぶ時期です。この授業では、児童が各自で一つの生き物を選び、本やインターネットで調べたことを冊子形態の作品にまとめる「生き物ブック」を作りました。図書の時間を使い、11時間をかけて行いました。また、「生き物ブック」をもとに発表会も行っています。

「生き物ブック」作りの授業の流れ

```
1時間目　図鑑の使い方を知る
　　　　・図鑑の「目次、さくいん、この本の使い方」の役割と特徴を知る
2時間目　図鑑を使ってワークシートに記入する
3時間目　情報カードの使い方を知る
　　　　・小さいテーマを決めて、わかったことを書く
　　　　・感想：わかったことについて考えたことを書く
　　　　・出典：使った本の書名、編著者名、出版社名を書く
4時間目　奥付の見方を学ぶ　ワークシートに記入する
5時間目　情報カードを1枚仕上げる
6時間目　「はじめに」を書く
　　　　・動機やきっかけ、だれに読んでもらいたいかなどを書く
7時間目　コンピュータを使って調べて、情報カードを1枚以上書く
　　　　・昭和小学校では「ポプラディアネット（電子版百科事典）」を活用
　　　　・コンピュータの扱いや検索の仕方は、ボランティアにも補助してもらう
8時間目　表紙の作り方を学び、作成する
9時間目　まとめと感想の書き方を知り、書く
　　　　・まとめはわかったことを箇条書きにし、感想は作品づくり全体で感じたことを書く
10時間目　資料リストの作り方を学び、作成する
11時間目　目次の作り方を知り、作成する
```

　この授業で登場する情報カードは3生年から使い始めて、高学年、中学生でも使用できる、情報学習の基本となるカードです。出典の記入にあたっては、漢字が難しくて著者名を読めないとか、奥付にたくさん名前があってだれを書いていいのかわからないなど、多くの質問を受けることもあります。担任とともに個別に指導しながら書誌情報の見方や書き方を学ぶようにしています。

　作品のまとめ方は、「調べ学習のまとめ方」というワークシートを配布して指導していきました。

作品（調べ学習）のまとめ方 その1

組 名まえ

ひょうし

タイトル

クラス 名まえ

タイトル　調べた内容を、ひとことであらわすもの

読む人が、ひきつけられるようなタイトルとイラストがあるとよい

学年、組と名まえをわすれずに！

もくじ

はじめに ・・・1p
イルカの
食べもの ・・・2p
イルカの
体の大きさ・・・3p
まとめ ・・・6p
資料リスト

もくじ　見だしとページ

ここを読むと、おおよその内容がわかる

作る時は、一番さいごにする

はじめに

はじめに　なぜそのテーマについて調べたくなったのかを
ていねいに書く　だれに読んでもらいたいかを書いても
よい

これから調べてみたいことを書いてもよい
・本で調べる
・インターネットで調べる
・つかまえてみる・かんさつしてみる
・専門家に聞く

うらも見てね！

作品（調べ学習）のまとめ方 その2

組 名まえ

**わかったこと・
かんがえたこと**

情報カード

順番を考えて並べ
てみよう

調べて、わかったことや考えたことを書く

情報カードは3枚以上　本も2冊以上使い、インターネットで
調べたことを入れるとよい

伝えるためのくふう
・イラスト、写真、図をうまく使う
・大事な言葉にマーカーを引く　色分けする　太字にする

まとめ

調べてわかったことや
考えたことを短くまと
める

感想

作品を作ってどんな気
持ちかなど

まとめ　・感想

調べたことをまとめた部分
見だしをつけてわかりやすく書く　調べた後の感想も書く
お世話になった人へ感謝の気持ちを書く

資料リスト

資料リスト

参考にした資料（本・新聞・雑誌・インターネット）や観察した
場所などを一覧表にして書きます。

世界にたった一つのマイブックを作ろう！

情報カードの使い方

情 報カードの使い方

組 名まえ

情報カード

〈調べたこと〉
（絵や言葉で書きましょう。）

イルカを調べる人なら、「イルカのたべも
のはなに？」というようにイルカについて調
べたいことの一つをここに書きます。

「イルカのたべもの」についてわかった
ことを書きます。1行しかなくてもそれで
いいです。
あいているところは、絵をかいてみるとよ
いでしょう。

〈感想〉

感想は「おどろいた。」「すごいとおもっ
た。」だけではだめ！
「〇〇とおもっていたけど、△△ということ
がわかっておどろいた。」というように、自
分の考えたことをていねいに書きましょう。

〈書名〉

〈著者名〉　　　　　〈出版社名〉

書名とは？　本の名前のこと。
本の題名を書きます。『小学館の図鑑NEO 昆虫』

著者名とは？　本を書いた人のこと。
編集・監修・発行者でもよいので、一人の名前を書きましょう。

出版社とは？　本を作って売る会社の名まえ。
おくづけには、発行所の前に書いてあります。（ポプラ社・国土社など）

⇒情報カードはp.133にあります。

サポートのポイント

○3年生は情報活用能力の基礎を学ぶ時期
○「情報カード」の書き方をしっかりと指導
○調べ学習のまとめ方の資料を配布する

小学校	
3年	総合

やさしさアップ大作せん「見つけたよ！ヘルプのサイン！」

「総合的な学習」は3年生になって初めて学習します。この授業では体の不自由な人の生活というテーマを取り上げました。最初に車いす、アイマスクを使って体験活動を行った後、どんな困ったことがあり、どんな助けがあるのか、また、自分たちにできることは何かを調べて、ワークショップ形式で発表会を行うことにしました。

グループで協働しながら活動する

児童はいくつかのテーマ（視覚障害・聴覚障害・車いすや義足、盲導犬や聴導犬・ユニバーサルデザインなど）の中から調べたいものを一つ選びます。そして同じテーマを選んだ児童がグループとなり、相談や話し合いをしながら準備して発表を行い、協働して学ぶ経験をします。

調べる作業の最初には、各自が前回調べたことや、今日は何を調べる予定なのかをグループ内で発表し合います。そうすることで、「あなたが調べたいことはこの本にあるよ」と情報を提供し合えるし、「君がそれを調べるなら、私はここを調べるね」と重複せずに調べることができます。授業の終わりにも、「この部分を調べることができました」「次回はこの続きを調べます」などと報告し合います。この形式は高学年になっても有効で、多くの調べる学習の活動で取り入れられています。

ゲストティーチャーを招いてインタビュー

また、情報収集の中にインタビューという活動も入れてみました。児童がインタビューする相手を見つけるのは難しいので、アルビノについて理解を深める活動をしている市内在住の方にゲストティーチャーとして参加していただき、インタビューに答えてもらうことにしました。また、インタビューの前に事前学習として1時間を使い、その方の生い立ちや、現在どんな活動をしているのかなどの基本情報を、学校図書館で学年の全クラスに紹介する授業を行いました。

アルビノについての情報（色素がない皮膚は紫外線に弱いことや弱視の方が多いことなど）、盲学校での経験、就職、活動内容などについてプレゼンテーションソフトで写真を多用して見せました。児童はわかったことをメモし、質問したいことを書きました。

2時間目は、ゲストティーチャーに1時間ずつ3年生の教室を回ってもらい、子どもたちの質問に答えていただきました。事前に学んだとはいえ、初対面の大人に話を

聞くのは３年生にとって緊張することです。事前に学習したインタビュー時の約束（挨拶・自己紹介・質問したいこと・お礼の言葉）を守って、きちんと質問をして、話を聞きました。質問者だけではなく、まわりの児童も真剣に聞いてメモを取っている姿を見ると、よい体験ができたなと感じました。

　その後は、学校図書館で図書資料を中心に情報収集の作業を行いました。学校司書は福祉に関するポスターや『毎日小学生新聞』（毎日新聞社）のパラリンピック記事の切り抜き、点字板（点字を打つことのできる道具）、点字本、大活字本など、多くの情報を用意しました。

ワークショップ発表会を目指す

　情報が集められたら、次は発表の準備です。今回のワークショップでは紙芝居・ポスター・劇・実演・クイズ・写真などから発表方法を選んで行いました。クラス内に設けた４か所のブースに４グループの発表者がいて、聞き手４グループが時間ごとに順番に回って発表を聞き、質問や感想タイムを入れるという形をとることにしました。

　まず参考になる資料として、６年生が行ったワークショップ（「世界の平和について」。50ページ参照）の動画を見せて、上級生のよいところを学んでもらいます。その後、グループに分かれて、自分たちの発表はどの形式にするのかを相談して決めます。

　その後の授業は、発表会で用意する掲示物や紙芝居などの準備です。写真や絵が必要なグループには、学校司書が必要なものを拡大コピーしたり、カラー印刷をしたりしてサポートしました。

ワークショップ発表会の様子。

　手話の実演を入れたり、点字板を使って実際に打った点字を見せたりするなど、体験を多く入れた発表になりました。身体が不自由な人の生活を他人事ではなく身近に感じ、街の中や暮らしの中にあるユニバーサルデザインを認識し、みんなが住みやすい街や暮らしについての意識を高めることができたのではないかと思います。

📖 サポートのポイント

○インタビューするゲストティーチャーを招へいする

○図書資料以外に、新聞記事ファイル、点字本、大活字本の準備、紹介をする

○上級生が発表する動画を見て、発表のやり方を理解させる

小学校　4年　国語　「読書発表会」でブックトークをしよう

ブックトークの型を学ぶ

　4年生の担任から、学校図書館を活用して「国語の『読書発表会をしよう』をしたいのですが」と相談を受けました。話し合った結果、児童が学校図書館にある本を3冊選んで紹介するブックトークを試みることになりました。

　学校司書はブックトークのシナリオを書く時に使うワークシートと参考になる資料を作成しました。

　テーマを決めて本を集めること、1冊目の紹介が終わり2冊目へ進む時に「次は」で話の流れを切ってしまうのではなく、本と本をうまくつなぐ言葉を入れること、クイズを挟んだり挿絵を見せたりして変化をつけるとよいこと、見せたい場所や読みたいページには付箋を貼って素早く開けるようにするとよいことなどを話します。

　次に学校司書がお手本のブックトークを実演してみせます。あらかじめ作成しておいたお手本のシナリオも印刷しておき、子どもたちに渡します。

ブックトークワークシートの手本

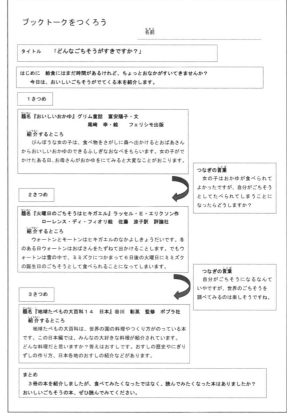

⇒「ブックトークをつくろう」はp.133にあります。

本選びのアドバイスを行う

　続いて児童に本を選んでもらいます。学校図書館の中から自分の決めたテーマに沿って友だちに紹介したい本を3冊選びます。例えば、電車が好きな児童は、電車の図鑑や、はたらきの書いてある本ばかり選びがちですが、分野が広がるように少なくとも1冊はお話の本や絵本からも選ぶようにアドバイスします。本を読むのが苦手な児童には、絵本を3冊使ってもいいと伝えて、ハードルを下げました。

　本を選び終わったら、ブックトークのシナリオづくりに取りかかります。つなぎの部分を考えるのが難しい児童もいましたが、自分なりに工夫して取り組みました。シ

ナリオができたら、発表の練習です。4〜5人のグループになって、一人が発表してほかの人が聞き手になるという形で練習をしました。

緊張に震えながらもがんばった発表会

　次の図書の時間に学校図書館で読書発表会を開きました。いつもとは違う発表会という気分を味わってもらえるように、いすを半円形の形に並べて、発表者のそばには机と紹介する本を立てかけるブックイーゼルを準備して、"「読書発表会」でブックトークをしよう"と書いた紙を大きくぶら下げました。お客さまには校長先生を招いておきましたので、児童は緊張して心臓はバクバク状態です。声が小さくなってしまう児童や、原稿から目が離せず、聞き手の方を向くことができない児童もいましたが、みんな精いっぱいにおすすめ本を紹介することができました。発表する児童のそばで、本をブックイーゼルにのせる手助けをしたり、小声で声かけをしたりと担任の先生が補助をしてくれたので、児童たちは心強かったのではないかと思います。

　予定より時間がかかり、45分の授業で全員の発表を終えられませんでしたが、次の日から朝の読書タイムに発表を続けて、全員が発表を終えることができました。この発表を聞いて、ほかのクラスからも同じようにブックトークをさせたいという依頼が入り、4年生が全員取り組むことができたのもよかったです。

グループで行うブックトーク

　次の年の4年生では、3〜4人のグループでテーマを決めて、一人が1冊ずつ本を紹介する形で、ブックトークを行いました。紹介する本は1冊ですが、つなぎの言葉や、始めと終わりの言葉を工夫して原稿を考えていました。発表練習をグループごとに発表者と聞き手を変えて何度も行ったので、実際の発表会でも落ち着いて発表することができました。

ブックトーク発表会の様子。

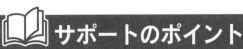

サポートのポイント

○ブックトーク作成用のワークシートを用意する

○ブックトークの実演を学校司書が行い、どのようなものなのかを伝える

○個別に手助けの必要な児童の相談にのる

<table>
<tr><td>小学校</td><td rowspan="2">インターネットを使って、千葉のみ力を発見</td></tr>
<tr><td>4年｜総合</td></tr>
</table>

小学校	インターネットを使って、千葉のみ力を発見
4年　総合	

　この授業は、4年生の総合的な学習の時間で、千葉県の歴史、観光、偉人、地形、気候、方言、伝統工芸、農業、工業、商業、漁業などについて各自で調べて、大きなテーマごとにグループに分かれて、ポスターを使った発表会を行う流れになっています。児童が地元である千葉県の魅力を知り、紹介するというねらいがあります。

コンピュータ室での授業も支援する

　この授業のポイントは、図書資料に加えて、インターネットを活用することです。そこで、担任から検索時の注意事項や、情報の出典の記載方法についての指導をきちんと行う必要があります。

　千葉県の魅力を調べる授業3時間は、コンピュータ室で行いました。まず、袖ケ浦市の小中学校で契約をしている「ポプラディアネット（ポプラディア百科事典の電子版）」で千葉県を検索して情報を探しました。

　また、ポプラディアネットの画面の中には、児童が検索するのに安全で有効なサイトも紹介されています。その中から千葉県庁キッズページを選び、このページを検索してみると、「千葉県を空から見てみよう！」「タイムマシーンに乗ってみよう！」などの項目があり、それぞれ県の見どころ、歴史などが調べられます。キッズ用なので、漢字に読みがなが振られてわかりやすく紹介されているのもありがたい点です。多くの都道府県に同様のキッズページがあるので、公的機関から確かな基本情報を得るという指導をぜひしておきましょう。こうして調べた成果から、児童が興味を持ったことを情報カードに書いていきます。

自治体など、公的機関のキッズページは調べ学習で役立ちます。

正しい情報を得るための知識を伝授する

　さらに詳しい情報や、自分が調べたいことを検索するには、「Yahoo! きっず」というサイトがよいことも担任が指導します。このサイトにはフィルタリングがかかっていて、信頼度が高い情報にアクセスしやすいといった利点を解説します。

　インターネットで調べたことの出典については、ＵＲＬと検索日時、ホームページ名を記入することを学校司書が説明しますが、難しいのがＵＲＬです。４年生が長いＵＲＬを手書きで記入するのは困難なので、印刷したページに表示されているものを切り取って貼る方法でもよいこと、ホームページ名と検索した日時をきちんと書く方法でもでよいことを伝えます。ドメインについても担任から説明してもらい、〜go.jp（政府機関）、〜ac.jp（大学関係）、〜ed.jp（教育関係）が末尾にあるサイトは信頼度が高いことと、これらの有無が判断基準になることを伝えました。

コンピュータ室でも図書資料の準備を

　コンピュータ室で学習を進める時も、図書資料や千葉県内の市町村が発行するパンフレットなどを用意しておき、インターネットだけではなく紙の資料を使って調べてもよいことを確認します。コンピュータは新しい情報を得るのに便利ですが、不具合なども発生しやすいです。トラブルが起きた場合は、本で調べることがすぐにできるように準備しておくと心強いです。さらに、本やインターネットで解決できなかった疑問は、ファックスやメールを使って、県庁や市役所、漁業組合などの公共機関に問い合わせもしました。

　ポスターは、グループで協力して作製します。自分たちの調べたことを、発表の流れを考えながら、ポスターに書き込んだり、画用紙を貼りつけたりしました。ポスターセッション発表会は、５年生国語で同様の発表をした動画があるので、それをお手本として見せました。各自の発表の終わりには、調べてわかったことや感想をきちんと入れること、全体の発表の終わりにも、自分たちのテーマを調べてみんなに発信したいことを入れて発表を終えるように話します。上級生のよいお手本を見て、発表の流れを理解し、自分たちなりに工夫した発表ができました。

> ## 📖 サポートのポイント
>
> ○インターネットの検索の仕方を教師と相談しながら指導する
>
> ○本だけではなく、地域のパンフレット資料を集めて提供する
>
> ○発表の仕方、流れを上級生の動画を見て学ぶ

新聞ワークシートを使ったさまざまな活動

小学校	
5年	国語ほか

昭和小学校の学校図書館では、新聞を使った授業のサポートも多く行っていました。ここではその中からいくつかを紹介します。

①新聞を使って情報ノートを書く

国語の教科書にある「情報ノートを作ろう」の学習に合わせて、学校司書が新聞スクラップのワークシートを作成しました。図書の時間にやって来た児童全員に、毎日小学生新聞1日分とワークシートを手渡します。児童はその新聞の中から、クラスのみんなに知らせたい記事を選びます。その記事を切り取り、ワークシートに必要な部分を貼ります。そして貼った記事の中で特に大切なところにラインを引いたり、吹き出しのように言葉を加えたりします。

その記事を読んで自分が感じたことは感想欄に書き込みます。記事の中に難しい言葉が出てきたら、国語辞典や百科事典を使って調べます。

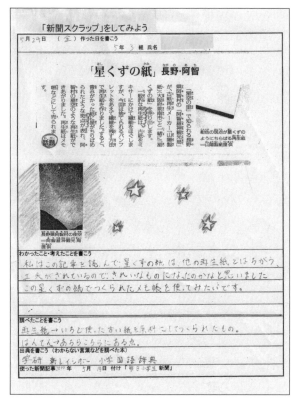

⇒新聞スクラップのワークシートはp.134にあります。

②大人の新聞と子ども向けの新聞を読み比べる

これは学校図書館で準備した学習です。学校図書館では『毎日小学生新聞』を購読しています。比較対象として『毎日新聞』を、自宅で購読している先生に持ってきていただきました。図書の時間にやって来た児童一人ひとりに、毎日小学生新聞1部と毎日新聞1部とワークシートを手渡し、その内容を比較してもらいます。新聞は1ページではなく1面と呼ぶことや、上部に経済、地域、テレビ、くらしなどの案内がついていることなどを説明した後、各自で大人の新聞の特徴と子どもの新聞の特徴をワークシートに書き込んでいきます。最後にわかったことを発表し合います。最近は自宅

に新聞を取っていない家庭も多くなっていますので、児童が学校図書館の活動で新聞について学び、情報源として活用できるようにしたいと思います。

③1面記事の読み比べ

国語の教科書に掲載されている「新聞を読もう」について、学校図書館として準備を行いました。サッカーワールドカップやラグビーワールドカップ、米朝首脳会議など、大きなニュースがあった日に、複数の新聞で1面の記事を読み比べます。見出し、写真、記事の内容がどう違っているのかを読み比べ、気がついたことをワークシートに記入しました。

④総合的な学習の時間　米づくり体験
　事前学習新聞づくり

昭和小学校の5年生は市内にある農村公園に校外学習に行き、春は田植え、秋には稲刈りを体験します。その活動の事前に、米づくりや米の歴史や文化について調べて、新聞形式にまとめる学習を行います。まずドーナツチャートの中心に米づくりや米の歴史などの言葉を入れ、周りに疑問形で調べてみたい言葉を書き込んでいきます。次に、図書資料を使って調べたことを情報カードに書いていきます。

集まった情報カードをもとに新聞のレイアウトを考え、新聞のタイトルや見出し、内容を書き込んでいきます。この新聞は、図書資料を中心にまとめるので、参考にした本を書き込むワークシートを作成しました。

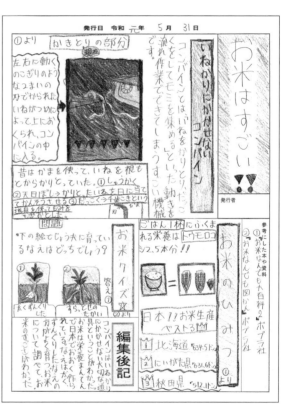

⇒新聞ワークシートはp.134にあります。

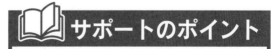 **サポートのポイント**

○児童一人ひとりに新聞を1部ずつ手渡す

○新聞を使った学習のワークシートを用意する

グラフの読み取りを学校司書が指導

　社会科の教科書で学ぶ「日本の漁業」の授業と並行して、統計資料を通じて漁業の現状と問題、そして漁業の未来について考える活動を行いました。

『朝日ジュニア学習年鑑』を活用する

　まず、学校図書館内の図書資料を集めました。特に役立ちそうな資料は、市内の小中学校に応援を依頼して複数冊をそろえました。また、公共図書館からも資料を集めて準備をしました。さらに『朝日ジュニア学習年鑑』（朝日新聞出版）を市内小中学校から借り、クラス人数分をそろえました。そのうえで担当教師と相談を重ね、年鑑の統計資料を読み取り、日本の漁業の問題点に気づかせる活動をすることにしました。

　最初に、導入としてプレゼンテーションソフトで担任が回転ずしのネタを紹介し、さらにクラスで人気のすしネタランキングなどを発表していきます。人気のすしネタの魚がとれる場所はどこ？という質問に、児童は夢中で考えます。そして「ホタルイカはどこでとれるのでしょう？」という問いかけの後に「答えは秘密です」という画面が映し出されると、ここから先は自分たちで調べることを察して「早く調べようよ」と、うずうずしている様子でした。

　さらに、『朝日ジュニア学習年鑑』に掲載されている魚の漁獲量のグラフを電子黒板に映し出し、日本の水産業の変化を読み取る学習をします。学校司書が、「このグラフは何を表したものか」「縦軸、横軸はそれぞれ何を表していて、単位はなにか」「グラフの作製者はだれか」と問いかけて、グラフの見方を説明します。また、内水面漁業、海面漁業といった専門用語の説明も行いました。その後、グラフを掲載したワークシートを配り、気がついたことを記入していきます。児童は集中してグラフを見て、気がついたことを書き込んでいきました。学校司書は手助けが必要そうな児童の横について、「一番魚がとれた年はいつかな」「一番少なくなっているのは何の漁業かな」などと問いかけ、児童の気づきを促しました。

　その後の話し合いで、遠洋漁業が一番減っていることや魚種別ではイワシのとれ高が減っていることなど、グラフから読み取ったこととその原因について考えます。児童からは200海里問題、乱獲、日本食ブーム、他国の漁獲量の増加、環境汚染などの言葉が出て、意識の高さを感じました。

　さらに、教科書の図をもとに、漁業のさかんな地域とどんな魚がとれるのかを読み

取り、気づいたことをワークシートに書き込んでいきました。

地方別に分かれて、各漁港の特色や漁法を調べる

　その活動後、水産業のさかんな地方ではどのような工夫をして私たちの食生活を支えているのかを、地方別にグループに分かれて調べて、情報カードにわかったことを記入していきます。図書資料でわからない疑問は、漁業組合や都道府県庁のホームページなどを調べました。それでも解決できない場合は、漁業組合や県庁にファックスを送付して質問もしました。その後、担任が用意した

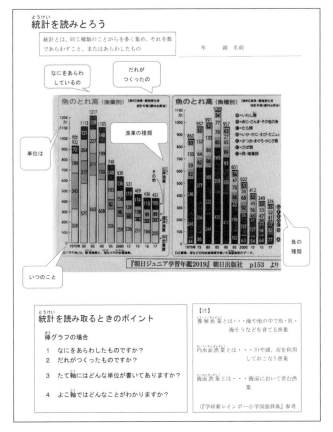

拡大した日本地図に調べた漁港の場所を書き込み、とれる魚のイラストや写真、漁港の特徴を説明した用紙などを貼ってポスターを完成させました。最後は発表会を行い、グループごとに調べた漁港の特徴を発表し合いました。

　この授業では、計画段階から担当教師と相談を進めてきたので、学校図書館での授業だけではなく、教室での授業やコンピュータ室での授業にも学校司書ができるだけ参加して、TTとして支援することができました。

　この授業で感じたのは、最初に児童をやる気にさせる、導入部分の大切さです。プレゼンテーションソフトを使って、回転ずしや漁業の写真を見せて興味を持たせたり、コンピュータ室で電子黒板を使って、年鑑の統計資料を大きく映し出したりしたことで、日本の漁業への関心を高めました。そのおかげで児童は調べる活動も大変意欲的に取り組み、わかったことをまとめる作業や発表の練習や実際の発表まで、グループで協力して熱心に取り組む姿が見られて、とてもうれしく思いました。

サポートのポイント

○『朝日ジュニア学習年鑑』をクラス全員分用意する

○グラフの読み取り方を司書が指導する

○教室やコンピュータ室での授業にもTTとして参加

小学校		世界の平和を守り隊！ ～平和について知ろう～
6年	総合	

　昭和小学校では、毎年夏になると全学年の児童に戦争と平和に関する本を読み聞かせたり、太平洋戦争の時に使っていた軍服や軍靴、千人針や当時の雑誌などの展示品を袖ケ浦市郷土博物館よりお借りしたりして、平和の大切さを学んでいます。6年生の総合的な学習の時間では、現在も起きているテロ事件や戦争、戦争が起こる理由、戦争に巻き込まれる子どもや国際機関の平和活動などについて調べて、ワークショップ形式で発表し合いました。

新聞から世界の紛争や平和への取り組みを学ぶ

　まず、学校司書が児童や教職員に働きかけて、2018年6月13日付の米朝首脳会談の新聞記事をクラスの人数分を用意しました。それを授業のはじめに児童一人ひとりに1部ずつ手渡しました。新聞記事を読んだ後、担任が作成したプレゼンテーションソフトの資料を使って、昭和小学校の児童の平和に対するイメージ（アンケート調査の結果）と世界各国の人々の平和へのイメージ（『世界の人びとに聞いた100通りの平和』（かもがわ出版）より抜粋したもの）を紹介しました。また最近起きた紛争や戦争について、どんなものがあるか、戦争によって生じる問題について話を聞きながら、調べたいことを考えます。

　新聞を使っての導入は次年度も行い、『毎日小学生新聞』の2019年6月2日の「世界難民の日」の記事を紹介しました。さらに、6月15日の「地雷のない世界を」や7月2日の「アメリカ大統領　初の北朝鮮入り」の記事もクラスに配布して、関連資料として紹介していきました。

ブックリスト・ホームページリストの作成と活用

　学校司書はテーマに合わせて本を集め、ブックリスト（111ページ参照）を作成しました。①現代の戦争が起きる理由、②戦争に巻き込まれる子どもたち、③平和になるための方法、④平和のための国際的な取り組みの4つのテーマに分けて、それぞれの本の内容を書き込みました。担任は、インターネットを検索して、おすすめのホームページのリストを作りました。

　この2つのリストは、子どもたちがテーマを決める時にも実際に本を探して調べる時にも、大いに役立ちました。

よい発表を参考にして、さらによい発表会を行う

　ワークショップは大きいテーマごとに８つのグループに分かれて行うことにしました。ワークショップ形式の発表会はどのようなものかを理解するために、中学校で１年生が行った理科のワークショップ発表会の写真をもとに、学校司書がプレゼンテーションソフトを使って説明しました。自分たちの調べたことをどう発表するのがよいか、各グループで相談して準備を行いました。

　ポスターや紙芝居で発表するグループが多かったのですが、タブレットＰＣを使って画像を映してみせる、クイズを入れて聞き手にも参加してもらうなど、いろいろな工夫もありました。中には子どもが脅されて連れ去られ少年兵として訓練される場面を劇仕立てにして紹介したグループもありました。プレゼンテーションソフトを使って発表したグループもあり、短い言葉で画面を作る、写真を効果的に見せるという工夫をしていました。

　発表の際は、はじめの言葉、「次は○○について、□□くんお願いします」など、次の児童へつなげる言葉を入れること、発表者だけが立ってほかの児童は座って聞く、終わりの言葉を入れることなどのルールを定めました。一人ひとりが調べたことや考えたことを自分なりの言葉で伝えられたのは、とてもよかったと思います。発表は

発表者の言葉にしっかりと耳を傾けています。

４分で行い、１分は質問タイムにしました。わからないところを聞いたり、発表のよかった点を話したり、聞き手もきちんと発言して、ともに考える機会となったようでした。発表の様子はビデオ撮影して、次年度は新６年生や３年生にワークショップのお手本として見せました。映像で見せると、どんな説明よりも児童に伝わるので、大変有意義であると思います。

サポートのポイント

○新聞記事を集めて一人１部ずつ用意して、国際問題に関心を持たせる

○担任が作成したホームページリストと学校司書が作成したブックリストを活用する

小学校 6年 総合 未来へはばたけ！ マイ卒業論文

　小学校6年間で段階的に培ってきた探究する学びの集大成として、「卒業論文」を制作しています。

　2019年度は、6年生3クラスが足並みをそろえて、自由なテーマで論文の形式を学びながら、作品づくりに取り組むことになりました。

　それまでは、教師が決めた大テーマからいくつかの中テーマをグループごとに設定し、その中テーマから児童一人ひとりが小テーマについて調べる形がほとんどでした。まったく自由なテーマとなると、なかなか見つけられない児童も出てきます。6年生になってすぐの4月に卒業論文に取り組むことを伝えて、先輩の残した作品を読み、自分のテーマを考える時間を取ります。卒業論文に向けての活動が開始されるのは10月です。はじめの3時間は課題設定のための時間です。まずウェビング※で興味のある言葉を書き出します。ウェビングの真ん中には「すきなこと」「興味・関心」「得意なこと」「すきな教科」のどれかを入れて関連する言葉をつないでいきます。こうして思考を拡散させて、たくさん浮かんだ事柄の中から一番調べてみたいことを決めて、赤丸をつけます。

　テーマ決定には、教師や学校司書との対話も必要です。ウェビングで広がったテーマの中から、自分にとっても論文を読む人にとってもよいテーマを見つけられるように、児童に声をかけて対話します。次にドーナツチャートの真ん中にウェビングの中で赤丸をつけた言葉を入れていきます。まわりの枠には、疑問形で「なぜ○○は○○なのか？」という言葉を入れていきます。

力作ぞろいの卒業論文です。

　テーマ選びは自分の興味に集中してしまいがちですが、新聞記事を活用してテーマを広げさせたいという先生の発案で、『毎日小学生新聞』の1面記事を各クラスに提示してもらい、代表者が記事の紹介と感想を発表する時間を取り、時事問題にも視野を広げることができるようにもしました。

　卒業論文の構成は、表紙・目次・はじめに・予想・調べる方法・わかったこと・考

※あるキーワードから思いつく言葉をつなげることで、思考を広げたり整理したりする方法。

引用と参考の説明プリント

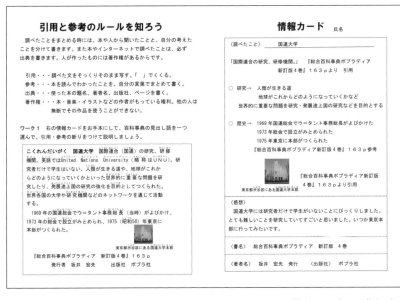

えたこと・まとめ・感想・資料リストとしました。

制作にあたっては学年の先生と司書教諭と学校司書が集まって相談し、卒業論文の記入用紙を準備しました。この記入用紙の"予想"を書き込む欄が重要です。予想と調べた情報を比べることが、児童自身の考えにつながります。テーマ選びの段階でも、"きちんとした予想を立てられるかどうか"が大切なポイントになります。

また、本やインターネットから得た情報を使う時には「引用」「参考」と明記すること、資料リストに出典を書くことなども統一して指導しました。中でも引用と参考については、説明プリントを別に用意してしっかりと指導しました。

卒業論文の記入用紙

1. はじめに

2. 調べたいこと・予想

No.	調べたいこと	予想
1		
2		
3		

3. 研究方法(どうやって調べるか)

調べた事実と自分の意見を区別して、自分の言葉で作品を書くという作業は、6年生にとっても簡単なことではありませんが、3年生で「生き物ブック」を作って基本的な作品の作り方を学び、その後4年生、5年生で百科事典や図書を使って、情報カードを書くことを学んできたので、小学生最後の活動にふさわしい作品づくりに取り組むことができたと思っています。

サポートのポイント

○担任、司書教諭、学校司書が児童と対話しながらテーマを設定する

○引用・参考を明記させる

児童の調べたい欲求を高める
学校司書との連携

袖ケ浦市立昭和小学校

教諭　明石　真実

学習のねらいと支援の仕方を学校司書と共有

　本校の第5学年、総合的な学習の時間に「世界に誇る日本の食文化」という単元が位置づけられています。単元は24時間扱いです。児童に「なぜ和食が無形文化遺産に選ばれたのか」「和食の素晴らしさは何なのか」を調べさせることをねらいとしています。また、和食離れしている日本人に警報を鳴らすため、無形文化遺産にも登録された事実を理解させる必要もありました。

　和食の素晴らしさを調べ、深く理解し、これからも日本の伝統的な食べ物として継承していきたいと思わせるための支援を学校司書と話し合いました。学校司書には、和食が無形文化遺産に登録された大きな4つの理由である「多様で新鮮な食材と素材の味わいを活用」「バランスがよく、健康的な食生活」「自然の美しさの表現」「年中行事との関わり」と、関係のある本を集めていただきました。

　見ていると食べたくなる和食の写真がのったもの、和食に関する知識が豊かな本など、バリエーション豊かな本を用意していただきました。様々な種類の本が用意されていることにより、児童の興味関心は長続きします。

　また、その本を1冊ずつ表紙と目次、書誌情報を写真に撮り、ブックリストを作り、それをナンバリングしました。学校司書には本のタイトルと内容、書誌情報をA4サイズで2枚分のブックリストを作っていただきました。本校では調べた内容について情報カードにまとめる活動をしています。このカードには、本から「わかったこと」「感じたこと」「書誌情報」を記入するようになっていますが、児童にこれを正確に書かせることは根気がいる作業です。この2つのリストを使えば、資料ナンバーを書くだけで書誌情報が手に入るのですから、これほど優れたものはありません。また、手元に本がなくても、このリストの目次を見れば内容がわかり、本を見つけやすくなります。

この作業を終え、授業の導入についても話し合いました。児童に自分なりの和食のメニューを絵で表現させました。ほかにも「外国の人に伝えたい日本のよさは何か」「昨日の夕飯のメニューは何か」とアンケートをとりました。これにより、児童が和食としてイメージしている献立を担任が知ることができ、児童は真の和食の献立との違いに驚きを感じます。また多くの児童が外国の人に和食を伝えたいと答えましたが、実際には和食について知識がないこと、和食を日頃から食べていないことに気づかせる必要がありました。ねらい通り、児童は「和食を伝えたいが和食って何だろう？」「和食離れが進めば、日本＝和食でなく、日本＝？？になる」という問題に気づきました。このように学校司書とも学習のねらいや指導観を確認し、互いに意見交換をする中で次々とアイデアを出し合い、児童にもよい影響を与えることができました。

テーマ決めで大切なこと

　ここまでの導入があり、和食がユネスコ無形文化遺産に登録されたことを話し、その経緯を文部科学省の映像や和食のＰＲ動画で確認をしました。「和食は素晴らしい」「自分たちがよく知り、伝えていかなければならない」という話をすると児童は目を輝かせました。

　そこから和食についてのウェビングを行いました。15分程度で和食について思いつくことを書き、考えを広げました。そして、次の時間にそのウェビングをもとに、自分が調べたいテーマを決めていくため、ドーナツチャートに記入させました。ここでは、広げた思考をぎゅっと８つの疑問に絞っていきました。ここでも学校司書に、積極的に児童に関わってもらいました。

　教室に和食の本を置き、和食についてのイメージがわかない児童は、本から調べたい情報を見つけました。子どもたちが調べ学習をしていく中で一番大変なことは、調べるテーマを決めることです。だからこそ、ドーナツチャートが書けない児童に指導者は力を注がなければなりません。一緒に本を見ながら、児童が興味を持ったページの内容について自分が持っている知識の話をします。「おすしっていつ頃からこの形になったんだろう」「いなりずしって京都では三角の形をしているんだよ」「なんで形が違うの？」「なんでだろうね」「調べてみようかな」と、調べやすそうな話題を提供すると、児童の調べたい思いが高まり、テーマが少しずつ固まっていきます。

調べ学習を進めよう

　いよいよ自分で調べる時間になると、児童は「よい本がない」と必ず言ってきます。児童にとって「この本を読めばよい」と確信するのは難しいことです。担任と学校司書で児童の欲しい情報がのっている本まで導かねばならない児童もいます。本の知識が豊かな学校司書がいることで、児童に適切な本を紹介することができます。児童は自分の求めている本まで導いてくれる学校司書を信頼しているので積極的に聞きに行きます。

「どんなことを知りたいか」「何がわかったか」「新たな疑問は何か」という対話をしていくことで、児童の調べたい欲求やバリエーションが豊かになっていきます。担任一人で全員と会話をしていくことは難しいですが、学校司書とともに児童にどのような力を身につけさせたいか、授業のゴールやねらいを共通理解しながら進めていくことが、児童の「もっと知りたい」という欲求を持続させる手立てになっています。

情報を選び、言葉で表現する

　情報カードに調べたことを書くと、そこで満足してしまう児童がいます。少し負荷をかけ、「調べたテーマの専門家になろう」と伝えました。情報をただ写すだけではなく、自分の知識として蓄積していくことを意識させたかったのです。

　学習を進めて行く中で、同じテーマの児童が数名集まりグループをつくりました。そして、授業の始めと終わりに、ミニミーティングの時間を設けました。始めでは「今日調べること」をグループ内で伝え、役割分担をしながら情報を集めました。終わりでは「今日わかったこと」を互いに伝え、質問をし合いました。質問されたことに答えられないと「調べよう」と意欲を保つことができました。

　さらにこの学習の発表は、ほかのテーマを調べている人と、新たなグループをつくり、「自分たちが調べた情報を伝える」「そこで得た情報を自分のグループの人に伝える」という形式でした。ひとりで発表するという任務（児童が言った言葉）があったので、情報をより詳しく調べ、わかりやすい言葉で伝えることを重視していました。さらに、友だちの情報も伝えるとなると、児童は必死に話を聞き、積極的に質問もしていました。グループの発表内容を考える際には、何の情報が必要で、どのような順番で話せば理解しやすいのか、理由を挙げながら内容を話し合っていました。協働学習のよさを児童も、私自身も味わえた授業になりました。

学校図書館がまるごと平家物語ワールドに！

　袖ケ浦市には袖ケ浦市郷土博物館があり、市内の小学校では郷土博物館を訪れて、勾玉（まがたま）づくり、古墳見学、土器研究、炭火アイロンや野良着体験などの体験学習を行います。また中学校図書館でも、郷土博物館にある展示品を借りたり、学芸員を招く授業のコーディネートをしたりと、博物館と連携して様々な授業支援を行っています。2年生の国語「平家物語」における博学連携の実践例を紹介します。

古典を身近に感じてほしい

　授業に入る前に、国語科の先生から、「当時の武士の生活などを知ることで、作品への関心を高めたい」との相談を持ちかけられました。さっそく平安から鎌倉時代の本や『平家物語』を集めて、先生とともに研究をし、武士の生き方や暮らしについて知り、時代感覚をつかむための授業プランを練りました。そして①戦の武具（鏑矢（かぶらや）・箙（えびら）・甲冑（かっちゅう）・矢羽根など）を知る②武士の食生活を紹介（貴族との対比）③平家物語に登場する女性の紹介（合戦だけではなく、様々な人間のドラマが描かれていることを知る）④古語辞典を活用して、語句を調べる⑤袖ケ浦市が源氏にゆかりのある土地であることを紹介する、という授業を1時間、学校図書館で行うことになりました。

学校図書館が平家物語一色に

　①では、甲冑を郷土博物館から借りて展示し、授業では生徒に着装してもらいました。弓も現代のものですが、借りてきて生徒に引かせることができました。頼朝や義経の使用した刀や甲冑の写真を実物大に拡大コピーして、書架に貼りつけました。この授業期間中は学校図書館が平家物語の部屋に変身したのです。先生は、様式を重んじた当時の戦いについての説明をし、私からは甲冑の色や形で時代がわかることなどを紹介しました。②は私が、戦の食べ物を配布資料として用意し、先生は戦陣食の干飯（ほしいい）を再現（自宅で準備）して、実物を生徒に見せました。③では『絵巻平家物語　祇王（ぎおう）』（ほるぷ出版）を先生が朗読して聞かせました。④では用意したワークシートに、古語辞典を引いて"えびら"や"どうまる"などの言葉の漢字や意味を調べて記入するようにしました。また私から古語辞典の巻末に関連する言葉の絵がのっていることを紹介しました。⑤では、郷土博物館の学芸員から紹介された資料を使って、袖ケ浦市には八幡神社、鎌倉街道など、源氏にゆかりの地名が多いことを私から紹介しました。

盛りだくさんの内容でしたが、先生がきちんとした授業計画を立ててくださり、先生と学校司書の役割を決めてくれたおかげで、スムーズに授業のお手伝いをすることができました。

　そのほかにも図書館掲示で、ヘイケガニのエピソードやラフカディオ・ハーンの『怪談』から「耳なし芳一」の紹介などを行いました。授業終了後や放課後には、甲冑を着たい生徒や弓を引いてみたい生徒が殺到して、この授業の人気ぶりが感じられました。

博物館との連携で

　郷土博物館から様々な所蔵品を借りて授業に活用することで、生徒たちは本や資料だけでは感じ取ることのできない体験ができたと感謝しています。また郷土の情報を学芸員から教えてもらうことにより、袖ケ浦市に愛着や興味を持つことができたようです。今後も博物館との連携を深め、さらなる授業支援をしていきたいと思っています。

弓や甲冑に触れて大満足！

 サポートのポイント

○博学連携で書籍や資料だけではできない授業支援

○明確な役割分担と綿密な計画でスムーズな進行

○弓や甲冑で生徒のハートをキャッチ

| 中学校 | 数学をテーマにブックトークを実演 |
| 2年　数学 | |

職員研修で各教科の先生に提案

　昭和中学校では、学校図書館と連携した授業が各教科で活発に行われていて、2010年度は400時間以上の連携授業（学校図書館で行われた授業＋学校図書館の本を使って、教室で行った授業時数）が行われました。

　それでも教科によっては、授業時数の制限もあり、連携授業を行いたくても厳しいという声もあります。そこで司書教諭と学校司書で計画を練り、職員研修の時間を利用してある提案をしました。学校図書館の図書資料を使って答えを記入する生徒用のワークシートを各教科の先生方に作成していただき、授業や課題で活用してもらおうという作戦です。先生方に学校図書館に集まってもらい、学校図書館にある図書やファイル資料、新聞や雑誌等を実際に見てもらいながら、授業に関連した内容を考えてもらいました。

　数学科（2年生担当）の先生から提出されたワークシートは、「数学レポートを作成しよう！」でした。生徒が興味を持つ「数学に関するテーマ」を設定し、今まで知らなかった数学の世界を切り開いてもらうという趣旨です。テーマの例として、アルキメデス・ピタゴラス・エラトステネス・関孝和・フィールズ賞・コンパスと定規・ピラミッドと数学・かけ算九九・円周率・一筆書きと数学・確率・○○算・身の回りにある数学・バーコードの謎・コンピュータと数学など、様々なものが紹介されていました。レポートはA4縦1枚でテーマ設定の理由・調べた内容・出典・感想の項目で構成されていました。

　このワークシートを見て、私は早速数学の先生のところへ相談に行きました。授業内では調べる時間やまとめる時間が足りなくなりそうなので、ワークシートの作成は、夏休みの課題にすることにし、夏休み前の授業で30分だけ時間をいただき、私からブックトーク形式で参考になりそうな本や、数学が楽しくなる読み物を紹介させてもらうことにしました。

数学嫌いの子にもアピールする工夫を

　通常のブックトークでは、読書の幅を広げるための読み物や、学習に関連して調べる手がかりとなる本の紹介等を行っていますが、今回は課題解決に役立つ本とともに、夏休み前の時期だったので読書も楽しんでほしいと、数学に関連した小説も選書しま

した。ブックトークの実演のかたわら、袖ケ浦市郷土博物館から、五玉が2個、一玉が5個のそろばんを借りてきて見せたり、『塵劫記』が紹介されている『図書館教育ニュース』（2011年6月18日号）を提示したりしました。また、本に紹介されていた、数字を使ったマジックを実演してみせるなど、数学嫌いの生徒にも楽しめるように工夫しました。

　夏休み中も学校図書館には、数学の課題コーナーを設置し、本とともに、科学雑誌『Newton』（ニュートンプレス）の数学特集や『朝日中学生ウイークリー』（現在は『朝日中高生新聞』朝日学生新聞社）の数学関連記事なども展示しておき、生徒の相談にも応えるようにしました。

　提出されたレポートを見せてもらうと、レイアウトを工夫したものや、数十枚もある大作など、楽しんで取り組んだものが多く見られました。その作品を学校図書館に展示すると、他学年の生徒も興味深そうに見ていました。今後も数学科との連携に挑戦していきたいと思います。

数学のブックトークにおすすめの本

● 『目で見る数学』ジョニー・ポール著　山崎直美訳　さ・え・ら書房
● 『フィボナッチ　自然の中にかくれた数を見つけた人』
　　　ジョセフ・ダグニーズ文　ジョン・オブライエン絵　渋谷弘子訳　さ・え・ら書房
● 『数学マジック事典　改訂版』上野富美夫編　東京堂出版
● 『塵劫記』吉田光由著　大矢真一校注　岩波書店
● 『算法少女』遠藤寛子著　筑摩書房
● 『日本の算数　和算って、なあに？』小寺裕著　少年写真新聞社
● 『浜村渚の計算ノート』青柳碧人著　講談社
● 『トリプル・ゼロの算数事件簿』向井湘吾著　イケダケイスケ絵　ポプラ社
● 『お任せ！数学屋さん』向井湘吾著　ポプラ社
● 『青の数学』王城夕紀著　新潮社
● 『博士の愛した数式』小川洋子著　新潮社

📖 サポートのポイント

○ 司書教諭と連携して各教科の先生に働きかける
○ 数学ブックトークで課題の支援
○ 夏休み中も課題解決のお手伝い

中学校 2・3年 英語 | カメラを片手に学校司書が授業参観

学校司書による授業参観

　学校図書館と英語との連携というと、英和辞典・和英辞典を貸し出して授業で活用することが多いと思います。私はそんな時に折を見て、カメラを片手に教室へお邪魔して英語の授業を見学させてもらっています。これがよい刺激になるのか、先生も歓迎してくれて、授業後はどんな意図でこの授業をしているかなどの話を職員室で聞くこともできます。

　この授業参観で多くのことがわかりました。2年生を受け持つある先生は授業のたびに、生徒に英単語の早引きをさせていました。あらかじめ辞書を配布し、生徒全員を立たせて、先生が黒板に書いた英単語を調べさせ、答えが見つけられた生徒から着席していきます。みんな真剣に辞書を引き、答えが見つけられなくても、わかったふりをして座るような生徒はいないことに驚きました。

　3年生の授業では修学旅行の後に、「私の修学旅行」というテーマで、図書館の和英辞典を活用して英作文を作り、発表します。このように複数の学年で有効に英和辞典・和英辞典を活用していることが多いので、司書教諭と相談して新しい英和・和英辞典を追加でクラス分購入しました。また、英語の授業の様子を図書だより等で紹介し、撮影した写真も掲載しました。そのうちに、「学校図書館で英語の授業を」という声が自然にかかるようになりました。以下は学校図書館で行った英語授業の例です。

英語でクイズを作る

　2年生の単元【What am I ?】では、学校図書館で授業を行いました。英語で「私は何でしょう？」という主旨のクイズ問題を作り、それをほかの生徒に答えてもらうという内容です。英和辞典、和英辞典で語句を調べるのはもちろんですが、出す問題によっては、学校図書館にある本を活用して問題を考えていきました。

和英辞典を使って問題づくり。答えがわかりますか？

例えば、答えが"コウモリ"という問題を作った生徒は、図鑑を調べてコウモリの形や色を確認していきました。ドラゴンを答えにした生徒は、読み物の表紙に描かれたドラゴンのイラストを参考にしていました。その後、順番にクイズをみんなの前で出題して、英語で答えてもらうことも学校図書館で行いました。準備中は、英語の先生は英語に関する質問に答える一方で、私は出す問題のヒントになりそうな資料を一緒に探す手伝いができました。

20世紀の偉人を調べる

　3年生では「20世紀の偉人」の学習で、人物を調べて英作文を作る授業を学校図書館で行いました。教科書ではレイチェル・カーソンを学ぶので、著書の『沈黙の春』『センス・オブ・ワンダー』（新潮社）の紹介プリントを作成して配布しました。その後、学校図書館で20世紀の偉人を一人選んで調べました。紹介する人の業績や、どんな言葉を残した人かなどを英作文で書いていきます。この授業では簡単な人物紹介の本が使いやすいので、伝記より人物事典を一人に1冊手渡せるように用意しました。そのため短い時間で調べて、英作文を作ることができたようです。

恒例となった絵本の朗読

　3年生の単元【A Mothers' Lullaby】では、教科書の英文のもとになった日本語版の絵本『かあさんのうた』（ポプラ社）の朗読を学校司書と学校長で行いました。生徒全員に絵が見えるように、プロジェクターを使って、挿絵を大きく映して見せました。朗読の後は、教科担当が広島の原爆投下の様子を紹介しました。学校図書館でも戦争関連図書の展示や掲示をしておいたので、多くの生徒に関心を持ってもらえました。また、朗読を聞いて内容が深く理解できたおかげで、英文を読む時も心を込めて発音することができたようです。

　今後も、学校図書館で様々な英語の授業を支援していきたいと考えています。

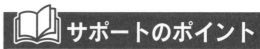
サポートのポイント

○英語の辞典が授業でどう活用されているかを知る

○授業参観をきっかけにコラボ授業が生まれる

○単元と課題に合った資料探しをサポート

中学校	資料が少ない分野には手作りで対応
1年　理科	

化学分野での調べ学習

　理科担当の先生より、1年生の化学分野「気体の性質」で学校図書館を使った調べ学習を行いたいと相談を受けました。今まで「身近な生物の観察」「動物の仲間」「科学技術と人間」で調べ学習の支援をした経験がありましたが、初めての分野でしたので、どんな支援ができるのか、不安でした。

　その後先生と相談を重ねたことにより「実験で取り出した気体がどのように生活に役立っているのかを調べて、理科で学んだことが実生活に即していることを実感させたい」「調べた内容を工夫して発表することによって、表現する力を伸ばしたい」という2つのねらいがはっきりしてきました。

資料が少なくてピンチ！

　授業の準備をしようと4類の棚を見ると、気体の性質を調べる本はとても少なく、クラスの人数分には足りません。袖ケ浦市の図書流通システムを活用して本を集めました。他校から借りた本で使えそうな本があれば、複数冊購入しました。

　公共図書館でも探しましたが、中学生が理解できる内容の本は多くありませんでした。一番困ったのが、二酸化炭素が生活に役立つという情報がほとんどなかったことです。温暖化や二酸化炭素の削減に関する本はたくさんありますが、役立つ部分についての記述はわずかです。インターネットで検索して『もっとよく知りたい！ CO_2 がわかる事典』（PHP研究所　品切れ）を購入してみると暮らしに活用される CO_2 の情報がたくさん載っていて「助かった！」と思いました。また、学校図書館で購読している雑誌『Newton』（ニュートンプレス）を手に取るのは理科に興味のある生徒に限られていましたが、今回の授業で多くの生徒の調べ学習に活用できたことは収穫でした。

手作り資料で乗り切る

　本の冊数は何とかクラス分を集めましたが、必要な情報は一部分しかのっていない本も多くありました。そこで、先生と協力してその部分をコピーして画用紙に貼り、手作りの資料を作りました。出版社・編者・書名を記入しておき、メンバー全員が一度に同じ情報を共有できるようにしたのです。

調べ学習のガイダンスを行う

　ガイダンスでは、学校司書の私が作成したブックリストとおすすめのホームページリストを配布しました。また、手作りの資料については、もとになった本を明記して出典を明らかにしました。

　今回はワークショップ形式で発表することにしていましたので、ワークショップスタイルの説明や、ポスターでの発表だけではなく、劇や紙芝居などの方法も工夫するように話しました。広い多目的室を借りて、四隅に発表ブースを作り、4つの発表グループと4つの見学グループに分かれて発表会が行われました。

工夫がいっぱいの発表

　プレゼンテーションソフトを使っての発表にも多くのグループが挑戦しました。プレゼンテーションソフトの資料を作成する人の数は限られているので、劇を入れたり実物を見せたりするようにアドバイスし、必ず全員が発表できるように、先生とともに声かけをしました。その

おかげで、クイズを入れる、元素記号を覚えるためのカードを作るなど、各グループで工夫を凝らした発表会が行われ、多くの収穫があった、まさに実りの秋という授業となりました。

　先生からも個別指導や、まとめ方や発表の工夫ができたと、感謝の言葉をいただくことができました。

本が足りないときに役立つ、手作りの資料を活用。

📖 **サポートのポイント**

○手作り資料を使って調べる

○ガイダンスでブックリストとおすすめホームページのリストを配布

○調べ方だけではなく、発表方法も伝授

中学校	調べ学習に対する意識向上をサポート
1年　社会	

「調べ学習のやる気を出させてほしい」という依頼

　1年生の社会で「都道府県の調査」について学校図書館を活用して授業を行うことになりました。

　しかし、授業前に行った生徒へのアンケートによると、調べ学習が好きではない、面倒だと答えた生徒がクラスに7、8名いたことが、先生にとってはショックだったようです。教師の話を一方的に聞く授業より、調べ学習の方が生徒には楽しいはずという認識があったからでしょう。そこで、司書である私に「調べ学習がどんな役に立つのか、やる気が出るように生徒に話してほしい」という依頼がありました。私にとっても初めての依頼です。調べるやり方については何度も話をしていますが、調べることがどんな役に立つのか、さらに、やる気を出してもらうにはどう話したらいいのか、内心焦りましたが、『エンザロ村のかまど』（福音館書店）を使って話を構成してみました。この絵本の中では、衛生問題や危険性、不便さを解決するためにある日本人がケニアのエンザロ村の人々にかまどの作り方を教えます。村人たちは協力し合ってかまどを作り、自分なりにより使いやすい工夫をしていきます。

　調べ学習も同様に、調べたり考えたりしてわかったことを自分なりの工夫をしてまとめる点が同じで、よりよく生きるための力をつける学習だと話しました。

　また、暗記が苦手だったりテストの点数が悪かったりした生徒には、自分なりの工夫したレポートを作ることで、挽回するチャンスでもあると励ましました。さらに、1時間のガイダンスを1年生全クラスで行い、調べるには2冊以上の資料を使うことや出典を明らかにすること、調べ方のルールも話し、さらに電話取材を行うこともOKと説明しました。

調べるテーマはくじ引きで決める

　さらに、今後の授業の進め方を教師と相談しました。テーマとなる都道府県は偏りがないようにくじで決めて、生徒が自分なりの工夫ができるように、決められた都道府県の基本的な特徴を調べた後、その県ならではのなぜ？ を見つけてサブテーマとし、そのなぜ？ を調べることにしました。4時間を使って調べて、用意されたA4用紙にまとめることとなりました。

　くじは、日本地図のパズルをばらばらにして箱に入れ、順に引くことにしました。

生徒たちはわくわくしながらくじを引いていて、テーマを決めさせられるという抵抗もなかったようです。さらに「なぜ沖縄県には鉄道がないの？」というその県ならではのなぜ？に気づき、自分なりのサブテーマ探しも興味を持って取り組んでいて、資料では見つけられないなぜ？には、県庁や公共機関に電話で問い合わせました。

　資料が見つかり、自分なりに工夫してまとめる段階になると、サポートが必要な生徒について、司書も支援を行います。この支援によって、今まで一度も提出物を出していない生徒も、出すことができたという報告もありました。

　最後の授業ではまとめたことを発表し合います。クラスの全員のレポートは印刷して全員に共有資料として配布しているので、なぜ？の部分のみについて各自１分で発表します。短時間で伝えることはなかなか難しいですが、発表前の練習も真剣に行い、発表を終えると、ホッとした表情が印象的で、よい経験になったと感じました。

　授業後に先生から「すごい結果になった」と、授業後のアンケート集計を渡されました。集計の中身を見ると、「調べ学習が楽しかった」「またやりたい」と答えた生徒がほとんどという結果で、先生とともに喜び合いました。

調べ学習に意欲的に取り組む生徒たち。

📖 サポートのポイント

○調べ学習の重要性について、絵本を使って紹介

○担当する県はくじ引きで決め、わくわく感を演出

○生徒に自分だけのサブテーマを決めさせる

| 中学校 | 新聞スクラップで社会への関心アップ！ |
| 3年　公民 | |

　公民の授業では、年間を通して学校図書館と連携した授業を行うことができました。その中でディベートの授業を紹介します。

「ディベートは現代社会の問題点をテーマにしてじっくりと取り組めれば、公民授業にふさわしい学習になるが、テーマ選びや準備の仕方が生徒にとっては難しい」と先生から相談を受けました。そこで、今社会で起こっていることに関心を持たせるために、前段階として新聞スクラップを提案しました。

前段階の新聞スクラップ授業

　通常の新聞スクラップでは一つのテーマを持ち、継続的に記事を探して用紙に貼りつけて作ります。しかし今回はディベートの準備なので、1枚のワークシートごとにテーマ、新聞名、発行日、見出し、記事の概要、わかったことや感じたことを記入する形式で行いました。新聞は学校のものと私が自宅でとっているもの、生徒が持参したものを用意しました。

　1時間の授業で1枚ワークシートを作成し、記事を実物投影機で映しながら発表し合いました。

　また担当の先生には新聞社が行っているＮＩＥ（新聞を使った教育）のためのメールサービスの、「読売ワークシート通信」や「朝日 Teacher's メール」を紹介し、授業で活用してもらいました。

先輩の授業から学ぶ

　次に昨年度行った授業でのディベートをビデオに撮っておいたものを見せました。生徒たちは、先輩が実際に行っている様子を興味深く映像で見て、どんな流れで行うのかを確認することができました。

　テーマ決定では、子どもの臓器移植や増税の是非、原発の必要性などの新聞記事になっていたテーマが挙がり、スクラップ授業が役に立ったなと感じました。そのほかには、授業で学んだ夫婦別姓、死刑制度の是非、18歳選挙権や、子どもにケータイを持たせるべきかなどが挙がりました。

根拠探しは2チームに分かれて

　いよいよディベート準備開始です。テーマの設定、チーム分けの後は、立論、予想される反対尋問とその対応、最終弁論をワークシートに記入します。説得力のある主張をするための根拠となる、信用できるデータや新聞記事などを本やインターネットから探すように先生から指示がありました。そこでチームを2つに分けて、学校図書館では、本や新聞記事を中心に資料を探し、コンピュータ室では、インターネットからの情報を検索しました。私は学校図書館で資料の相談にのり、先生がコンピュータ室で対応しました。

　授業最後の10分にまた全員が学校図書館に集まり、持ち寄った情報をまとめ、だれが立論でだれが反対尋問をするかなど、作戦会議を行いました。死刑制度や夫婦別姓などのテーマは資料が多かったのですが、大人向けの本が多く生徒たちは内容を理解するのに苦労していたようです。『日本の論点』（現在は『文藝春秋オピニオン』文藝春秋）の記事などを探して提供しました。子どもの臓器移植や増税は新しい問題なので、本よりも新聞記事検索をして印刷して提供したものが役に立ったようです。

　ディベート本番は、形態の都合上教室で行いました。肯定側、否定側、司会、時計係、記録、評決に分かれて、緊張感を持ちながらも、今まで調べた根拠を真剣に主張し合っていました。私は来年度に向けてビデオ撮影をしながら、3年生公民の授業にふさわしいディベートができたのではないかと思いました。

ディベートに勝つため、グループで協力し合います。

📖 サポートのポイント

○導入としての新聞スクラップ

○資料探しに新聞社のメールサービスを活用

○ビデオでディベートの流れを理解

<table>
<tr><td>中学校</td><td rowspan="2">日本民謡の調べ学習で図書委員と連携プレー</td></tr>
<tr><td>1年　音楽</td></tr>
</table>

音楽科と連携した授業サポートの事例と、図書委員会の企画で、音楽の授業をサポートした例を紹介します。

音楽の調べ学習にわくわく

ある時、音楽担当の先生から、生徒に日本民謡に興味を持たせ、どのように民謡が生まれ歌われてきたかを調べさせて、発表会を行うことで、民謡をより身近に感じさせ、曲の鑑賞へとつなげたいという依頼を受けました。音楽は全学年とも週1時間の授業なのでなかなか調べ学習をする時間が取れないのが実情です。貴重なチャンスなので、依頼を聞いた時はうれしくて張り切りました。

必要な本を集めるために

さっそく自校の蔵書を調べました。しかし日本各地の民謡について歌詞や歌われた環境、歌詞の意味などが紹介された本は3冊しかありませんでした。

私の働いている袖ケ浦市では、学校図書館支援センターのホームページの中にある図書の掲示板（学校司書を中心とした図書の貸借依頼コーナー）を使って、市内小中学校と公共図書館等から本の貸借依頼や情報交換ができるようになっています。また、図書流通システムを使って、週一度宅配便が各校を回り、掲示板で依頼した本を届けてくれています。

掲示板に依頼を入れると、複数の小学校から、本を送るという返信が入りました。公共図書館の本は書庫の資料しか送ってもらえないきまりなので、実際に図書館を訪れて本を借りてくることも多いです。物流で届けられた本、公共図書館に出向いて借りてきた本、小学校から借りた本を参考に、新しく購入した本を合わせて40冊ほどが集まりました。一人1冊程度ですが、なんとか必要な冊数を集めることができました。

事前相談がよい授業を生む

集まった本を見ながら、用意するワークシートについて先生と相談しました。先生からは曲名と地方、歌われた環境、拍、曲の内容、歌詞を記入する欄の提案がありました。学校司書からは参考にした書名を記入する欄、調べて気づいたことや感想を記入する欄の追加を提案し、次の発表と鑑賞へとつながる内容のワークシートができ上がりました。

調べてまとめる時間は1時間しかありませんでしたが、生徒たちは集中して取り組み、必要な情報を集め、書き込んでいきました。その後の発表も、充実してできたようです。事前に授業相談を受けることにより、先生がこの授業で生徒に身につけさせたいことを理解し、学校司書もより的確に生徒にアドバイスすることができ、よい結果を生むと感じました。「本が集まりましたので見に来てください」「いつから授業が始まりますか」と先生に何度も声をかけて、話し合うきっかけをつくる工夫も必要だと思っています。

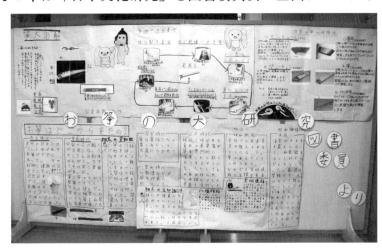

日本の民謡ワークシート

図書委員会との連携

調べ学習の授業が計画できない年には、図書委員会の企画と連携して音楽のサポートを行っています。前年とその年は「日本文化研究」を図書委員会の企画テーマにしていましたので、2年生で行われる「箏」の体験授業に合わせて、箏に関する掲示物を図書委員が作製・掲示し、先生に活用してもらいました。また図書委員による講師の先生へのインタビューや模範演奏を録画して、校内放送で紹介しました。図書だよりでも、箏に関するクイズや関連本を紹介しました。先生方からは、「図書だよりを体験授業の資料として使いましたよ」「図書委員の○○君がんばってますね」と声をかけられて、励まされました。このように、企画したことが授業の役に立ち、多くの生徒の役にも立つことを心がけています。

図書委員の活躍で見事な掲示が完成。

サポートのポイント

○本を集めるシステムを活用

○積極的な声かけでコミュニケーションを

○図書委員会と連携してサポート

中学校 1年 美術 | 発表シートは見やすく、そして美しく！

ご近所の利点を活用して

　昭和中学校では美術室と学校図書館が隣り合っているので、美術の授業中に、作品のイメージや資料を探すために、生徒が図書館を訪れることがよくありました。図書館がほかの教科の授業で使用中の時も、担当の先生に了承を得たうえで静かに入館し、必要な資料を見つけたら美術室へ持って帰って作品づくりに活用し、授業後に返却する、という使い方が日常的に行われています。

導入としての焼き物調べ

　1年生が「焼き物」を制作する前に、美術科の先生から、制作への意欲を高めるために、導入として学校図書館で「焼き物」についての調べ学習を行いたいと相談を受けました。昭和中学校の敷地周辺には鼻欠古墳という史跡があり、たくさんの土器が発掘されています。1年生の社会科でその古墳を見学したり、発掘された土器を観察したりする授業を、袖ケ浦市郷土博物館の支援を受けて行ったことを先生に話しました。その体験と関連づけて、さらに充実した授業になるように、調べ学習をするにあたっての打ち合わせを綿密に行っていきました。

チームとして授業に関わる

　まず焼き物に関する本を集めました。意外なことに、そうした本は小学校の図書館にたくさんあって、借りることもできましたが、公共図書館から借りた本と合わせても一人あたり2冊程度でした。集めた本を美術科の先生2人と学校司書の私とで事前に研究して、テーマを5つ（工程・歴史・全国の焼き物の産地・焼き物の種類・陶芸家）に分類しました。また、本に番号をつけて、生徒はくじで引いた番号の本を使って調べるようにしました。その本が最大限活かされるように、調べるヒントを書いたアドバイスシートを貼るという工夫も行いました。

　美術での調べ学習なので、作品はわかりやすく美しく見やすいことを重視しました。用紙は絵で表現する画用紙と、文章で説明する罫線入りの2種類を用意して、使いやすい方を選んでもらいました。画材も鉛筆、色鉛筆、ペンなどの筆記具を豊富にそろえました。また、美術科の先生の提案で、できた作品は廊下へ掲示することになりました。

廊下に掲示する際も、焼き物制作への関心が高まるように、テーマ別に掲示することや、壁面いっぱいを使って、一人ひとりの作品を集めてひとつの大きな掲示物となるように工夫できないかと学校司書からも意見を出し、「焼き物」授業のチームの一員として学校司書も関わることができました。

生徒にはくじで引いた番号の本が手渡され、美術科の先生が用意したアドバイスシートに従って、調べる作業に真剣に取り組みました。2時間という時間制限や廊下に掲示されるというのも励みになっていたようです。

また、ほかの教科の調べ学習とは違い、「ヒントとなるものを絵に描く、見せるための工夫が必要」と学校司書からアドバイスをしました。できた発表シートを集めて、美術科の先生＋書道の先生＋図書主任、図書委員の助けを借り、もちろん私も加わって、数日かかって完成させました。

「焼き物」制作も盛り上がる

「焼き物」作品づくりは美術室で行われましたが、先生が作成した工程表などを参考に、形や模様を工夫して制作に励む姿が見られました。「面倒くさい」「アイデアが浮かばない」などのマイナス発言が消えて、いきいきと制作する姿を見ると、学校図書館での導入が役に立ったのではないかと思いました。窯で焼かれて仕上がった焼き物を手にした生徒の顔はとてもうれしそうでした。

チームで協力して、掲示物が完成！

📖 サポートのポイント

○別教科の内容と関連づけて

○発表シートは「焼き物」制作への意欲を高めるために活用

○教科や担当の枠を越えて「チーム・ザ焼き物」として活動

中学校 3年 保健体育 | 養護教諭・スクールカウンセラーとの連携

相談で広がった授業計画

　今回は保健体育科との連携授業を紹介します。保健体育は男子と女子が分かれて授業を行っていますが、３年生女子の体育を担当する先生から、中学を卒業する前に性感染症の怖さやエイズ（後天性免疫不全症候群）に対する知識、そして望まない妊娠について学校図書館と連携して学ばせたいという相談を受けました。そこで、学校図書館がどんなお手伝いができるのか、先生と相談を重ね、次のような授業計画を立てました。①エイズに関する基礎知識を調べる、②発表会をする、③性感染症や望まない出産について養護教諭から話を聞く、④スクールカウンセラーから10代の性について話を聞く、という授業を5時間で行う計画になりました。

エイズについて調べる

　まずはエイズに関する調べ学習の準備です。自校の本だけでは足りないので、袖ケ浦市の図書流通システムを活用して、公共図書館や他校からエイズに関する本を集めました。またワークシートを作成する際に、先生に出典と調べた感想を記入する欄を設けてもらうように依頼しました。また調べる前に時間をもらって、学校司書から調べるポイントとなる本を紹介しました。調べる時間は3時間。生徒たちは、それぞれのテーマに集中して真剣に取り組みました。でき上がったワークシートは、クラス人数分印刷して、共有資料として全員に配布しました。その資料を使って4時間目は、発表会をしました。

　生徒たちは、HIV感染者と一緒にお風呂やプールに入っても感染しないことや、エイズを完治する薬はまだないことを学び、差別をしてはいけないことや感染を防ぐための知識をしっかり持ちたいといった意見が出されました。

専門家の講義に聞き入る生徒

　連携5時間目の授業は、養護教諭、スクールカウンセラーから、それぞれの立場での経験談や専門的な内容の話を聞く授業です。養護教諭から、妊娠週数の数え方、胎児の成長、出産や中絶の危険性等について話を聞いている生徒たちは、真剣そのものでした。特に望まない妊娠で躊躇していると妊娠週数が過ぎて中絶できなくなる話では、「困ったことが起きた時は、必ずお母さんに打ち明けること。あなたたちを守っ

てくれるのはお母さんなのです」という説明に、養護教諭の「母」としての愛情を感じ取っていたようです。説明に使うプレゼンテーションソフトの資料は学校司書と養護教諭で協力して作成しました。

スクールカウンセラーからは、「愛情に飢えて生活している子どもは、異性が優しくしてくれるとそれを愛情と感じて、『いやだ』と思う行為も我慢してしまうことがある。性行為には『同意』が必要。どちらかが我慢している場合は『同意』とは言わない」という話を聞きました。生徒からは「自分を大切にしたい」「『同意』という言葉の意味を知りました」という感想が書かれました。

スクールカウンセラーとの打ち合わせは、学校司書が行いました。それをご縁に学校図書館に生徒とともに訪ねてくれるようになりました。また多くの生徒たちから、声をかけられるようになったとうれしい報告をもらいました。この授業をきっかけに男子保健体育でも、性感染症や薬物乱用などで調べ学習や発表会が行われるようになり、学校図書館との連携は拡大しています。

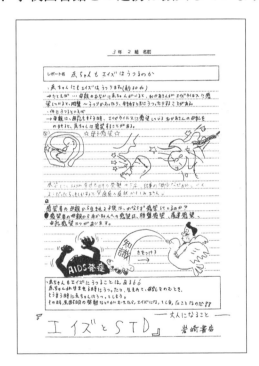

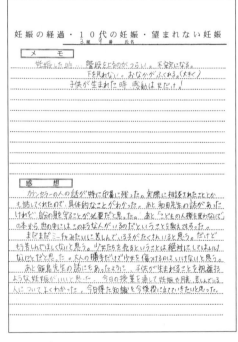

サポートのポイント

○調べる前に関連資料の紹介

○養護教諭・カウンセラーと連携

○連携は男子保健体育にも拡大

中学校 2年 家庭科 公共団体のパンフレットは宝の山

学校司書との連携に期待大

　昭和中学校の家庭科の先生は、他市で勤務していた時に、袖ケ浦市の学校司書の働きや、学校図書館に図書流通システムがあり、公共図書館や他校の本を集めることが可能で、授業に活用できることを耳に入れていたそうです。袖ケ浦市に異動になり、学校司書との連携を楽しみにしてくれていました。昭和中学校で出会ってすぐに、声をかけられ、「2年生の家庭科で秋以降に消費生活について学ぶ時に、消費生活センターから講師を招いて悪徳商法について話を聞かせてほしい」という相談を受けました。

依頼には誠実に応える

　依頼を受けた私も当時はこの中学校に異動してきたばかりで、どのように学校図書館が活用されるか不安だったので、先生からの声かけと相談はとてもうれしく思いました。「レファレンスには誠実に応える」をモットーにしている私ですので、さっそく県の消費生活センターに問い合わせてみると、人は派遣できるが1時間のみで、体育館などで集会のような形式になるとの回答でした。家庭科の授業での取り組みとしては、クラスごとに1時間ずつ話を聞きたいところですが、それは厳しいようです。

　それならば、調べ学習の形にした方が生徒に力をつけるのではないかと思い、本を探してみました。公共図書館へ行くと、悪徳商法の事例などを紹介した本や法律の本はありますが、中学生には難しいものが多かったです。そこで市の消費生活相談室に足を運んで話をうかがうと、資料をたくさんいただくことができました。千葉県消費者センターや国民生活センター、市の消費生活相談室などの機関が発行しているパンフレットなどです。それを見ると、悪徳商法にはどんな事例があり、どのような対処を行えばいいのかが一目瞭然で、イラストも多く使われているので、中学生にも資料として使えるものでした。

パンフレット集めに夢中

「これだ！」と思った私は、その後市役所へ行くたびに、あちこちの課をめぐって使えそうな資料を班の数の6部ずついただいてくるようにしました。

　学校へ戻ってからは、ラミネートをかけて、小冊子・パンフレット資料として整備していきました。

家庭科の先生には、「授業での講師の招へいは難しいが、資料がたくさん集まったので、調べ学習をするのは可能です」と話しました。集まった資料を見て「これだけの資料があるのなら、調べ学習をして、班ごとに発表をするようにしたら、話を1時間聞くより、充実した学習ができますね」と言ってもらえました。

チームで進めた授業

　調べるテーマは、悪徳商法の手口、対処法、クーリングオフ、消費生活センター、消費者の権利などで、複数の班に分かれて調べました。

　テーマ決定、情報の収集、加工（まとめ）、発信（発表）という授業の流れに沿って、今自分たちがどこの段階を進めているのか、あとどれだけの時間で進めるのかが先生から伝えられます。授業終了前には、各班の班長から、何に取り組み、どの程度進んだのかを報告してもらい、見通しをきちんと持った授業が進んでいきました。学校司書も、資料を探す手伝いだけではなく「このテーマなら劇仕立ての発表がよいね」と相談にのったり、先生がほかの班の指導をしている時に、別の班の配布用の資料の印刷を手伝ったり、ＴＴとして授業をサポートしたりしました。そのかいもあり、発表会では、各班の工夫した発表が展開されました。

　また、この授業をきっかけに、1年家庭科では、快適に住まう工夫について班ごとに調べ発表をする連携授業も行われるようになり、複数年が過ぎました。悪徳商法の資料はさらに充実して増えていっています。

中学生にもわかりやすい、たくさんのパンフレット。

📖 サポートのポイント

○誠実な対応が連携授業につながった

○公共団体のパンフレットは中学生にも役立つ資料

○調べ学習の進捗（しんちょく）状況をこまめに確認

<table>
<tr><td>中学校</td><td rowspan="2">絵本の朗読で心に響く道徳の授業を</td></tr>
<tr><td>3年　道徳</td></tr>
</table>

教師向けの関連本を図書館で管理

　昭和中学校では司書教諭の提案で、道徳授業における学校図書館の活用が図られています。また、教育目標として「心豊かで、自ら学ぶ、たくましい生徒」を掲げています。その中の「豊かな心」を育むために行った、道徳授業のサポート事例を紹介します。

　道徳授業をサポートするために、まず学校図書館内にある絵本コーナーをチェックして、道徳の授業に活用できそうな絵本を60冊ピックアップしたリストを作りました。リストには書名、著者名、出版社名とともに解題をつけて、先生方が選ぶ時に参考にできるようにしました。

　リストは夏休みの職員研修の時に先生方に配布し、読みきかせのやり方やコツも話しました。

　また、道徳の授業に役立つ教育書を職員図書の予算で購入し、学校図書館で管理するようにしました。教育書の中に紹介されている関連図書もあわせて購入し、すぐに先生方が授業で実践できるように用意しました。

司書教諭と行った授業

　絵本を選んでいる時に「これは」と思う本に出会いました。『クラウディアのいのり』（ポプラ社）です。絵本ですが、この物語の本質を理解するのは3年生が適切と考えて、3年生の学級担任をしていた司書教諭に授業の提案をし、実践の相談に入りました。授業は教室で行うので、挿絵をパソコンに取り込んで、プロジェクターでスクリーンに映すことにしました。絵本だけではわかりにくい部分（第二次世界大戦当時、朝鮮や満州を植民地として多くの日本人が生活をしていたことや、終戦後ソ連とアメリカによって朝鮮が分断されて、ソ連軍が進駐した北朝鮮にいた日本人の多くは捕虜としてシベリア地区に送られ、強制労働させられたことなど）を理解するための資料を作成しました。

　また、公共図書館に登録している朗読ボランティアの方を招きました。その方は以前から中学校で朗読をしたいと希望されていて、この話は主人公のクラウディアと同じくらいの年齢の女性の口から語られると、より理解しやすいのではと思ったからです。また朗読だけではなく、話し合いに入ってからも一緒に授業に参加していただくようにお願いしました。

身に覚えのないスパイ容疑でソ連軍に連行され、51年間も帰国できなかった日本人、蜂谷弥三郎さんと、異国の地で彼を支えたロシア人女性クラウディアさんの苦しみと愛が、語り手の思いを込めた朗読で、生徒の心にぐいぐい迫っていきました。その後の話し合いでは、「自分だったらクラウディアのように日本で待つ妻の元へ弥三郎を帰すことはできない」「戦争は本当に悲しいことだ」「つらいけど相手が望むようにしてあげたい」などの意見が出て、他人を思いやる深い愛を少しでも感じることができたのではないかと思います。朗読ボランティアの方も話し合いに参加してくれたおかげで、大人の意見も聞くことができ、彼女たちも中学生の意見に感動しましたと喜んでくれました。

司書教諭の行った授業をもとに、3年生のほかの4クラスも各担任が同じ形で授業を行いました。学年全体で同じ本を紹介したことで学年に共通の話題ができました。また、学年の職員も同じテーマを共有して準備や反省会を行うことができて、実りの多い授業実践になったと思います。

今後も各学年の道徳担当と協働して、福祉、いじめ、人権をテーマに、図書を活用して道徳授業を展開する予定です。

「他人を思いやる愛」を感じられる授業でした。

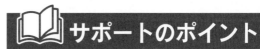
サポートのポイント

○道徳の授業に使える絵本のリスト作成

○理解を深めるための資料を学校司書が準備

○朗読ボランティアが話し合いにも参加

<table>
<tr><td>中学校</td><td rowspan="2">自然体験学習で7分野76項目の調べ物のお手伝い</td></tr>
<tr><td>2年　総合</td></tr>
</table>

　昭和中学校の2年生は毎年、長野方面へ登山を中心にした自然体験学習に出かけます。その事前学習として、全員が1つのテーマを選び、調べたことをワークシートにまとめています。学年の先生からテーマは文学・芸術分野で5項目、保健体育的分野20項目、歴史的分野6項目、地理的分野16項目、文化・生活分野14項目、食分野10項目、理科分野5項目で、合わせてなんと7分野76項目にも及ぶ、多岐にわたるテーマ一覧表が配布されました。

生徒用ブックリストと司書用ブックリストの作成

　事前に学年主任の先生から相談を受けた私は、テーマに沿った図書資料を市内小中学校及び公共図書館から借りて集めました。そして集まった図書資料を1冊1冊吟味して、与えられたテーマに関連する部分を見つけていきました。学年で同時に調べる学習が始まると、多くの生徒から「このテーマについての本はありますか？」と相談されるので、どの本にどんな情報がのっているかを把握していないと、私もスムーズに対応できなくなってしまうからです。そのため、ブックリストは、生徒配布用と司書用として答えとなる部分のページを書き込んだものの2種類を分野別に作成しました。

調べたことを1冊の冊子にまとめる

　実際の活動では、まず学校図書館に集まり、担任から本日の授業について説明を受けます。コンピュータ室には担任についてもらい、私は学校図書館にいて本の相談を受け、コピー機やパソコンの利用（学校図書館に生徒用3台）の対応やアドバイスを行います。調べてまとめる時間は3時間を使いました。

　全員のワークシートが完成すると、学年の先生が分野ごとにまとめて全員分の作品を印刷して1冊のレポート集として作成し、生徒全員に配布しました。

分野別発表会

　次の活動は分野別での発表会です。調べる作業はクラス単位で行ってきましたが、発表はクラスをバラバラにして学年で分野ごとに集まって、分野別発表会となります。これは学校図書館で行いました。発表の練習は5分間です。流れは以下の通りで、①〜⑤のそれぞれに1分程度かけます。①各自が原稿を声に出して読みます。②発表で

きるように大切な部分を絞ります。③全員が起立して声を出して、絞った内容を読みます。発表が終わった生徒から着席していきます。④大切なところを原稿を見ないで発表できるように練習します。⑤再び、全員起立して発表練習をし、終わった生徒から着席します。

この5分の準備が終わったら、分野別発表会が始まります。

学習係が司会とタイムキーパーを担当して、司会が指示した順番で1組から5組の生徒が発表していきます。聞き手は、発表を聞いた後に評価シートに記入します。短い5分で準備ができるのかと思いますが、この練習は非常に効果的で、生徒たちはスムーズに発表をすることができていました。

代表発表会

次の活動は、自然体験・調べ学習代表発表会です。分野別発表会で、高い評価を受けた生徒が2名ずつ選ばれて、7分野で14名の生徒の発表を聞き、長野県や自然体験についての情報を共有して、理解を広げる時間です。体育館に学年の生徒が集まり、代表者の発表を聞きます。開会式、発表、質疑応答、先生の話、閉会式と学習が進みますが、進行はすべて生徒によって進められました。各分野の代表者が発表した後に、生徒によるコメントがあったのも素晴らしかったです。学校司書も審査員として参加し、講評も述べました。

今回の学習では、クラス単位での情報を収集しまとめる活動、学年をバラバラにして分野別の発表会、学年が集まっての代表発表会と、様々な形になっての活動が行われましたが、学年の仲間と学びを共有し合い、これから出かける自然体験学習の旅への期待と学年の団結を高めることができたのではないかと感じました。

自然体験学習　歴史分野

番号	タイトル	著者・編者・監修者	出版社	請求番号	所蔵館	チェック欄
1	中部の歴史と人びとのくらし	谷口研語	あすなろ書房	21ター4	市立図書館	
2	日本の歴史8　天下統一への道	古川清行	小峰書店	210フ	昭和中学校	
3	日本の歴史1大昔の人びとのくらしと知恵	古川清行	小峰書店	210フ	昭和中学校	
4	県別シリーズ　長野県郷土資料事典	近藤源一	人文社	291キ-20	市立図書館	226p
5	長野県の歴史散歩	長野県高等学校歴史研究会	山川出版社	291ゼ	市立図書館	4p
6	長野県の歴史散歩	長野県高等学校歴史研究会	山川出版社	291ゼ	市立図書館	16p
7	おもしろ図解ガイド②ザ・長野	日本交通公社	日本交通公社	291ザ	市立図書館	
8	ポプラディア情報館都道府県別日本地理 中部地方	小松陽介他監修	ポプラ社	291ト	昭和中学校	157p
9	文学・文芸人物事典	山口昌男　監修	日本図書センター	281メ	昭和中学校	一茶・藤村
10	iじゃぱん26志賀・長野・小布施	るるぶ国内編集局	JTB	291シ	昭和中学校	佐久間象山49p
11	おもしろ図解ガイド②ザ・長野	日本交通公社	日本交通公社	291ザ	市立図書館	16p
12	調べ学習に役立つ社会科事典10	菊地家達	国土社	30キ-10	市立図書館	34p
13	ビジュアル版日本史1000人上	瀧浪貞子他監修	世界文化社	281ニ	昭和中学校	160p
14	学校では教えないおもしろ歴史人物100	古川範康　監修	講談社	21ガ	昭和中学校	106p川中島

ブックリストは資料を見つける羅針盤。

サポートのポイント

○司書用のブックリストを用意してレファレンスに対応

○コンピュータ室では担任が、学校図書館では司書が生徒へアドバイスする

エプロンシアターから広がるサポート

　袖ケ浦市では毎年2月に市内小中学校の特別支援学級の児童・生徒が集まって学習発表会を行っています。各校とも劇や合唱、作文の朗読や、一輪車の実演など、それぞれが力を入れて練習してきたものを発表し合います。特別支援学級担当の先生から相談を受けて、学校図書館として出し物の相談にのることも多くあります。特別支援学級の生徒が2名だったときは、エプロンシアターの実演を提案しました。

学校司書がエプロンを手作りして実演

　エプロンシアターとは、胸当て式のエプロンを舞台に見立てて、ポケットから人形や背景などを出したり引っ込めたりしながら劇を演じるものです。エプロンシアターの本は家庭科で保育の学習のために複数冊購入していたものを利用しました。まず私が実際に人形などを作製して実演してみせました。すると生徒たちも「やってみたい」と言ってくれて、出し物はこれに決まりました。次に生徒2名と先生と私で、本を見ながら演じる作品を探しました。エプロンシアターは基本は一人で演じるものですが、『簡単手作り　中谷真弓のエプロンシアターベストセレクション』（フレーベル館）に収録されている「なぞなぞパン屋さん」のシナリオをもとに、2名の生徒がパン屋さんとキツネ役に扮して、エプロンをパン屋のお店に見立ててクイズをしながらパンを出していく形にアレンジして演じることになりました。

　生徒たちは授業の中で、エプロンやパンを布で手作りしていきました。「今日はメロンパンができたよ」「キツネのしっぽをつくったよ」と、作品ができるたびに私に見せに来てくれて、張り切って取り組んでいる様子が感じられ、うれしく思いました。パン屋さんの帽子やキツネの衣装も紙で工夫して作りました。

学校図書館でのプレ発表会に先生方を招待

　エプロンができ上がると、演技練習の始まりです。練習にも何度か参加してアドバイスをしているうちに、学校図書館でプレ発表会をすることを思いつきました。校長先生や、手の空いている先生を招いて見てもらい、実際の発表に向けて自信をつけてもらおうと考えたのです。

　このプレ発表会の様子はビデオに撮影し、お昼の放送で全校生徒に紹介もしました。

　担当の先生からは、プレ発表会の経験から、本番はせりふが抜けることもなく、落

ち着いて演じることができたと、感謝の言葉をいただきました。

　次年度以降に行われた学習発表会では、参加する生徒の人数の増減によって、ペープサート（人形などを描いた紙に、棒をつけて動かして演じる劇）や群読のお手伝いもしました。『枕草子』「春はあけぼの」の群読も行い、聞いてくれる小学生にも理解しやすいように、各季節のイメージを絵に描いて、朗読に合わせて見せていくように提案し、イメージの絵を本から探して描いてもらいました。

授業で絵本の読み聞かせ

　学習発表会に向けての支援を機に、特別支援学級の授業で学校図書館を活用することも多くなり、絵本の読み聞かせを依頼されるようになりました。それをきっかけに中学生にすすめる絵本のリストを作り、先生方へ配布することもできました。

読み聞かせに使った本

- ●『ヘンリー・ブラウンの誕生日』
　エレン・レヴァイン作　カディール・ネルソン絵　千葉茂樹訳　鈴木出版
- ●『ありがとう、フォルカーせんせい』
　パトリシア・ポラッコ作・絵　香咲弥須子訳　岩崎書店
- ●『ぼくだけのこと』
　森絵都作　スギヤマカナヨ絵　偕成社
- ●『彼の手は語りつぐ』
　パトリシア・ポラッコ作・絵　千葉茂樹訳　あすなろ書房
- ●『ルリユールおじさん』
　いせひでこ作　講談社

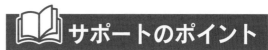

サポートのポイント

- ○エプロンシアターを実演し、練習にも参加
- ○プレ発表会を提案・セッティングする
- ○読み聞かせから絵本のリストを作成

実物を見る・触る、体験談を聞く

　私がサポートした初の博学連携は、袖ケ浦市郷土博物館（以下袖博）で行っている出前博物館を利用した蔵波中学校での国語の授業でした。袖博の戦争展示品などの資料を学校図書館で展示したのに加えて、14歳で食料増産隊（農兵隊）として満州に出征した方を袖博から紹介していただき、体験談を聞きました。

「朝は6時に太鼓の音で起床、夜はラッパの合図で9時に消灯。食事は生竹をぶつ切りにした食器に、雑炊と毛だらけの里芋の汁、たくあんが二、三切れで、毎日軍隊式の生活だったこと。日本が戦争に負けると、中国人が攻めてきて多くの人が銃で撃たれ、地獄のような状況だったこと。必死の思いで逃げる中、馬車から子どもが転げ落ち、後続の馬車に轢かれてしまっても、助けることができなかった」などのつらい体験を語ってもらいました。生徒たちは、展示した写真や地図を見ながら、自分たちと同じ年頃での実体験を真剣な表情で聞き入りました。

　続いて行われた調べ学習でも、袖博の学芸員から地元の資料を紹介してもらいました。そのおかげで、市内の平岡地区では学童疎開だけではなく、東大生の"頭脳疎開"（農業体験という名目で、終戦後の日本をけん引するであろう優秀な学生たちを疎開させた）があったという情報を知ることができました。

　こうした袖博のサポートと地域の方の協力によって、実物を見る、触る、体験談を聞くといった貴重な経験を通し、生徒にとって忘れられない図書館活動が実現しました。

　その後も、積極的に博物館や公共図書館と連携を図り、地域の方を招いて授業で話をしていただくといった活動のお手伝いをしてきました。「これは学校図書館や学校司書の活動として正しいのだろうか？」という不安も感じる時もありましたが、学校図書館法第4条5項にある、「他の学校の学校図書館、図書館、博物館、公民館等と緊密に連絡し、及び協力すること。」が後押ししてくれました。

　新学習指導要領にも「地域の図書館や博物館，美術館，劇場，音楽堂等の施設の活用を積極的に図り，資料を活用した情報の収集や鑑賞等の学習活動を充実すること。」と小学校・中学校学習指導要領総則第1章第3の1（7）に記述されています。今後も地域との連携により、講義式の授業や暗記型の学習では得られない実践力や、対話的な学びを支えていきたいと思います。

1節　博物館・地域との連携

小学校での連携

①図書館で土器が見られる"歴史のたまてばこ"

　昭和小学校の図書館には、展示用のガラスケースがあります。従来は本の展示用に使用されていましたが、博物館の展示品を入れて紹介するコーナーにしたいと司書教諭に相談しました。すぐに同意してもらい、「歴史のたまてばこ」と命名しました。今年度の学校図書館運営計画にも、「博物館との連携」として明記していただけました。

　6年生が社会科の授業で、博物館と校舎近くの坂戸神社古墳を見学するのに合わせて、博物館からこの地域で出土した土器をお借りして、縄文土器・弥生土器・土師器・須恵器と年代順にして「たまてばこ」に展示しました。

　そして博物館学芸員と相談を行い、事前学習として見学前に児童が学校図書館に集まりました。次に展示している土器を観察し、学校司書が作成した資料を配布し、説明を行います。それから古墳見学に出かけて学芸員に解説してもらうという連携授業が実現しました。学校図書館に土器があるという状況は他学年にも新鮮だったようで、学年を問わず、ガラスケースの前に座り込んで土器を興味深そうにながめる児童が多くいました。

ガラスケースの中はミニ博物館です。

前方後円墳に眠っているのはだれかな？

②昔の道具と昔のくらし

　3年生の社会では袖博に出かけ、野良着を着る、ハンカチを洗濯板で洗う、炭火アイロンをかける、石うすを回して大豆からきな粉を作るなどの体験を通して、昔の道具や生活を学ぶ活動を行っています。その前後に、図書資料やインターネットで調べて、道具の過去と現在をポスターにまとめる学習を行うことになりました。

　学校図書館では授業のサポートとして、袖博から昔の生活道具や遊び道具をお借りして展示することにしました。展示品は、袖博で体験した炭火アイロンなどに加えて、電気アイロン（昭和中期）、鉄瓶、柳行李（やなぎこうり）、あんか、湯たんぽ、カイロ、柱時計、電気マッサージ器（昭和前期）、だるま落とし、すごろく、軍人将棋、ゲーム機、めんこなどです。

　学校図書館に入ると昔の道具がたくさん並べられてあり、児童たちは興味津々の様子です。先生から「この道具は何に使ったかわかるかな？」と携帯用カイロ（昭和前期頃）を提示すると、「大切な物を入れるケース？」とか「わからない！」との答えが返ってきました。その時は正解を言わないで、図書資料から昔の道具をたくさん集めて、使い方や特徴など、ワークシートにわかったことを書き込んでもらいました。

　初めて見る道具にわくわくして、本で調べた道具の実物を見ることができ、児童がとても意欲的に学習に取り組めたようです。ガラスケースに入れた軍人将棋やかるたにも興味があるようで、多くの児童がながめていました。「授業で本物の展示品を見たり触ったりすることができるのは、本当にありがたい」と多くの先生から感謝の言葉をもらいました。

衣類を入れていたという柳行李を展示しました。

時代劇で「火のし」を見たことはあるかな？

③図書委員会の読書集会での活用

　昭和小学校では、図書委員会の主催で、毎年テーマを決めて読書集会を行っています。2018年のテーマは「本の歴史を知ろう」でした。その中で、平安時代に活躍した紫式部と『源氏物語』を劇の中で紹介しました。紫式部役の女子児童には、袖博でお借りした十二単風の打掛を着装してもらい、学芸員からお借りした「和綴じ本」や、公共図書館からお借りした『源氏物語』の復刻本を紹介してもらいました。そのほかにも、『源氏物語絵巻』『古事記』『南総里見八犬伝』などの復刻本もガラスケースに展示して多くの児童に見てもらうことができました。

昭和小学校に紫式部が登場しました。

和綴じ本や絵巻など、昔の本に目が釘づけ。

中学校での連携

①古墳見学と土器観察授業

昭和中学校の敷地内には古墳時代の鼻欠遺跡があり、校舎建設の際、発掘調査をして出土した土器や鉄製品が博物館に展示、保管されています。校舎の入り口にも、鼻欠遺跡を紹介する看板が設置されています。

そこで、1年生の社会の授業で「鼻欠遺跡・古墳を学ぶ」特別授業を企画、提案しました。博物館学芸員を招き、校舎から歩いて100ｍほどのところにある「円墳」に出かけて実際に見学し、現地で横穴式石室や古墳の造り方、周囲の土地との関係などの説明を聞きます。それから学校図書館に戻り、学芸員が持参した土器を見て、土師器・須恵器の時代背景、作り方の違いなどの説明を聞き、実際に触れ、またレプリカの鏡や直刀などを見るという授業です。

例年、社会の授業の1時間を使って、1年生の全クラスがこの特別授業を受けています。生徒たちは古墳が学校のそばにあることに驚き、専門家である学芸員から詳しい説明を聞くことで、考古学への興味・関心を深めていきます。授業終了後も何人もの生徒が学芸員に質問し、古墳や遺跡に関連した図書資料も多く読まれました。

この授業では、学校司書が社会科担当教諭に鼻欠古墳の存在や、博物館学芸員を招いての授業が可能であることを提案し、教諭から依頼を受けて、博物館との連絡・調整を行いました。生徒に配布する資料の作成・準備、学校図書館内に関連図書展示、紹介も行いました。

学校の敷地内に遺跡があるのは大変珍しいことです。入学した生徒がそれを学ぶことで、自分の生活する地域に誇りを持って卒業してほしいという思いを込めて実践していました。

土器の歴史を感じ取ることができました。

②収蔵品を手に取って、戦争を実感する

　袖博には、太平洋戦争時に実際に使われた、軍服・軍靴・ゲートル・防毒マスク・千人針など、数多くの収蔵品があります。戦争関連の単元を学ぶにあたり、70数年前に日本で戦争があったことを現代に生きる中学生に少しでも理解してもらいたくて、国語科の教諭と相談して、まず戦争展示品と関連図書を紹介するブックトーク授業を行ってきました。

　3年国語で野坂昭如の『ウミガメと少年』を学ぶ前に、語りつごう「戦争と沖縄」というテーマでブックトークを行った際には、授業前に代表の生徒に軍服、ゲートル、軍靴を着装してもらい、学校図書館内はテーブルを片づけ、半円形にいすを配置して、中央の机には戦争展示品を並べ、いつもとは違うセッティングをしておきました。授業が始まると、学校司書がナビゲーター役になり、戦争展示品の紹介や、本と本をつなぐ進行役を務め、国語科教諭が紹介する本の朗読を担当してブックトーク形式で授業を進めました。

　また、千人針やたすきを女子生徒に持たせたり、当時の中学生が戦地に赴くときに残した遺書を読んでもらったりして、聞くだけではなく参加してもらいながら、戦争は他人事ではなく、生徒一人ひとりが真剣に考えて向き合わなければならないと思えるような授業を行いました。

　授業後は展示品に見入る生徒や、「うちのおばあちゃんは沖縄にいる」「ひいおじいちゃんは兵隊に行ったんだって」などと話してくれる生徒も多くいて、その時に取り組んでいた調べ学習レポートのテーマに戦争を選ぶ生徒も数多く見られました。国語科教諭からは、「ブックトークをしてからの授業は、生徒の理解が深まって大変進めやすい」という言葉をいただけました。

　戦争展示品を使った授業は国語だけではなく、総合的な学習や道徳、英語でも取り組んでいます。展示品は時代の証言者であり、それらを授業と結びつけられるのは、学校図書館ならではの機能の一つだとも思っています。

教師と学校司書のタッグで進めました。

③空き教室を展示室にして授業をコーディネートする

これは、袖ケ浦市立平川中学校で勤務していた時の事例です。

2006年に袖博で開催された企画展「袖ケ浦遺産　生き物大図鑑」において、袖ケ浦市に生息する動物の剥製、地元で発掘された20万年前のカメの骨やナウマンゾウの骨、地域で発掘された土器などの展示が行われました。

展示品の中には平川中学校の学区内で発掘された遺物が多くありました。そこで、企画展終了後にそれらを中学校の空き教室で展示する、移動博物館のような試みを行いました。ねらいは平川地区の歴史・自然を再確認し、郷土の歴史を知ることにより、ふるさとに対する誇りと愛着を持つことです。

展示室で授業を行った教科は4科目で、1年生社会（土器を学ぶ）、2年生国語（地元の方から戦争体験を聞く）、1年生総合（剥製・昆虫標本について専門家の話を聞く）、1年生美術（動物剥製・昆虫標本のデッサン）でした。

袖博で企画展が行われている時期には、校長、司書教諭、学校司書、図書委員、有志生徒とともに見学に行きました。袖博での企画展終了後、貸出可能な展示品の貸出を依頼して、校内の展示室の環境も整えていきました。展示室の準備・展示品の運搬や設置・紹介文作成等については、図書委員会が主として行いました。また美術部による看板製作、展示協力をお願いし、看板や案内表示の作成には校長先生にも協力してもらいました。

その後も中学校の空き教室を活用した企画展を行い、教科での授業に役立てることができました。これらは学校図書館を飛び出して行った活動でしたが、どの活動も展示品を図書館の本や授業と結びつけるように心がけました。

市内で採取した剥製をデッサンしました。

世界の昆虫標本です。種類の多さにびっくり！

④市民学芸員が企画し、中学生が協力して実現した企画展　「子どもたちと博物館」

　これも 2005 年、平川中学校での活動です。袖博には市民学芸員という、博物館の運営をサポートするボランティアの方々がいます。その市民学芸員が、子どもと博物館の橋わたしになりたいと考え、独自の企画展を計画しました。内容は平川中学校生徒や先生の宝物を集めて、袖博の特別展示室に展示して紹介するというものです。

　平川中学校図書館で市民学芸員、図書委員、美術部員、図書館担当職員、学校司書が集まって、複数回打ち合わせを行いました。企画展のポスターは、美術部員が作製し、展示する宝物は各クラスの図書委員が集め、袖博での展示も手伝うことになりました。出品リストや展示品のキャプションの作成、運搬は市民学芸員たちが担当することになりました。

　図書委員が各クラスに募集の手紙を配布し、袖博に展示可能な「たからもの」を募ると、多くの生徒から「たからもの」が集まりました。市民学芸員たちが、「たからもの」を袖博に運び入れて、図書委員が特別展示室に集合して展示を行いました。主な生徒の展示品は、「スノーボード」「自転車」「テニスラケット」「スパイク」「ぬいぐるみ」「ストラップ」「ゴーグル」「たすき」「野球選手のサイン」「写真」などです。校長先生は、「恩師から届いた手紙」、先生方からは「仮面ライダーの変身ベルト」「アンモナイト」「ルビーの原石」「我が子が着ていた服をリサイクルしたバッグ」など、様々な「たからもの」で展示室がいっぱいになりました。美術部員が作製したポスターが掲示用と、パンフレット用に使用されました。

　また、別の展示室には、図書委員が中心に作製した、平川中学校の様々な活動を写真等で紹介するコーナーも設けられました。

　この企画展は新聞でも取り上げられ、開催は夏休み中でしたので、多くの生徒が袖博を訪れて展示品を見ることができました。来館者のアンケートには「平川中出身なので、新聞を読んでぜひ見たいと思いました。生徒それぞれの思いが込められている作品。とても心が温かくなりました」「中学校やまわりの方々と博物館の距離が縮まり素晴らしいと思います」などと書かれており、生徒たちの「たからもの」が博物館の展示品として、温かい目で受け止められたことを感じました。

　秋の図書委員会集会では、プレゼンテーションソフトを使って、この企画展の準備から、展示の様子などを紹介しました。生徒はもちろんのこと、中学校職員も市民学芸員の活躍を知り、博物館をより身近に感じることができた体験でした。

図書委員も展示の仕方を学びました。

特別展示室に生徒の「たからもの」が並びます。

地域との連携

地域の方の力を借りて、昭和地区の魅力を知る

　昭和小学校3年生の総合的な学習の時間のテーマに「発見！昭和の宝物」があります。地域に残る文化財や史跡、祭り、人などを調べて、クラス全員の作品をまとめて1冊の冊子にまとめる学習です。

　この授業では準備、フィールドワーク、風習の紹介などで地域で活動する方々に協力をお願いしました。

　まず導入で、学区内の率土神社で行われている"神納神楽ばやし"をビデオに撮って見せることを考えました。袖ケ浦市郷土博物館から神楽ばやしの保存会を紹介していただき、練習と新年の神楽の舞を取材させてもらうことにしました。私と担任がうかがい、練習の様子と、神楽ばやしの歴史や、獅子舞の扱い、どんな思いで会の活動を続けているのかなどを撮影し、インタビューすることもできました。

　元日に神社で行われる神楽ばやしの奉納の舞は、司書教諭と私で撮影しました。担任とどの部分を児童に見せようかと相談しながら、ビデオの編集を行いました。実際に授業の導入でビデオを見せると、児童はぐっと画面に見入り、担任の説明に興味深く聞き入っていました。

　そのほかに、昭和地区を知るために、市民学芸員の有志が作成した昭和地区の文化財紹介のプレゼンテーションソフトの資料を譲っていただき、児童に見せることができました。

　その後で、児童は調べてみたい文化財や、歴史、人、伝統文化などを選びました。一人1か所にとどまらず、「こちらも調べたい」と、2か所以上を選ぶ児童も多くいて、やる気を感じました。

フィールドワークでは、地域の歴史研究をしている方を招き、児童と一緒に学校の近くにある坂戸の森に出かけ、植物や石碑、古墳、坂戸神社などの見学をしながら、石段の幅の狭い訳や石碑にある人の紹介など説明していただくことができました。さらに水戸黄門こと水戸光圀がこの地を訪れたことを示す資料も紹介していただきました。昭和地区の文化財を調査している市民学芸員には、学校の近くにある「たこ吊り」という珍しい風習を実際に使われたものを見せながら紹介していただきました。

　こうした活動を通じて、地域の魅力を知るだけではなく、地域の文化や風習を残して未来へ伝えようと活動している方の存在を知ることができて、児童にとって学びを深めることができたのではないかと思います。

地域の歴史を目で見て確かめることができました。　わらを編んで作られた「たこ吊り」に注目！

2節　公共図書館との連携

①公共図書館による出張おはなし会を中学校で開催

　袖ケ浦市の公共図書館では、おはなし会が児童担当の司書やおはなし会ボランティアによって開催されています。内容は、素話と絵本の読み聞かせが中心で、手遊びや詩の朗読などが入ることもあります。

　しかし、公共図書館を訪れておはなし会に参加できる人数や機会は限られています。そこで、多くの児童や生徒がお話の世界を楽しんでもらえるように、公共図書館は依頼のあった学校を訪問し、教室や学校図書館で出張おはなし会を開催してくれています。

　この出張おはなし会は多くの小学校で定期的に開催されていましたが、中学校ではその機会がなかなか設けられませんでした。

　中学校でのおはなし会のきっかけは、2003年度の

中学生にも好評の出張おはなし会。

平川中学校の秋の読書週間に、公共図書館の司書とおはなし会ボランティアを招いて、世界の昔話の中からお話を1本語っていただいたことでした。使える時間は朝の読書タイムで、1クラスに1人ずつ入ってもらい、8時から10分間で行います。

　　語り手たちへの対応、誘導、教室での司会進行などは、各クラスの図書委員が行います。図書委員は前日までにプログラムの作成、司会進行の打ち合わせ、語っていただく本の準備などをします。当日は、早朝よりお越しくださっているボランティアの方々を校長室前で迎え、挨拶、教室への誘導、司会を受け持ちます。ボランティアの方々からは、「クラスの全員がこちらを向いて話に集中してくれているのを感じてうれしい」「保育所・小学校時代に話を聞いてくれた子どもたちもいて懐かしい。成長した姿を見ることができてうれしい」などの感想をいただきました。生徒たちは、「小さい頃に読んだ絵本が実は怖い話だったことがよくわかった」「つい引き込まれて話の世界に入っている。また来てほしい」と楽しみにしています。

絵や字の助けを借りず、耳で聞いた言葉を頭の中で想像する楽しみは、中学生にとっても大切にしたい時間です。ボランティアたちとの交流タイムは、朝の10分間という短い時間で学校にさわやかな風を吹き込み、生徒たちの読書の幅を広げてくれています。

　平川中学校では年に2～3回おはなし会を開催していて、すでに17年がたちました。ほかの中学校でも、同じように朝の読書タイムを使ってのおはなし会が開催されるようになっています。

　一方、小学校での出張おはなし会は、図書の時間や国語の授業時間を使って開催することが多いです。45分間の場合は、1クラスに2人の語り手が入り、お話を2本、絵本を2冊程度準備してくださり、お話の世界を楽しんでいます。高学年で時間がとれない場合は、中学校と同様に朝の読書タイムにお話を1本だけ語っていただくこともあります。

　朝の読書タイムは8時からという学校がほとんどで、語り手たちは準備が大変ですが、袖ケ浦市内の子どもたちのために早朝から来てもらって感謝しています。

②オリンピック紹介リーフレットを公共図書館に展示する

　小学4年生の総合的な学習の時間で、「ぼくらオリパラ情報局～知って広めてもりあげよう！」というテーマで各自が調べ学習を行いました。東京2020オリンピック・パラリンピックを自分たちで盛り上げることをゴールに、調べた結果をリーフレットにまとめました。

　この作品を、中央図書館のロビーに展示していただくことになりました。リーフレットを1枚1枚広げて表裏の内容を見てもらうために、一度に展示するのは21枚として、1週間ごとに作品を入れ替えて、2019年秋のトショロ月間（市立図書館で開催される読書月間の催し）に、4年生児童の全員分を展示してもらいました。

　開催期間中は多くの児童や保護者が中央図書館をリーフレットを見るために訪れて、中央図書館側も大変喜んでくれました。展示終了後に返却されたリーフレットは学校図書館でも展示して、他学年の児童にも見てもらいました。

③公共図書館に中学図書委員によるおすすめ本紹介コーナーを作る

　2012年に袖ケ浦市立中央図書館の司書の方から、中学校の図書委員会とのコラボレーション企画を提案されました。中学生のおすすめの本の紹介ポスターを作製し、中央図書館の児童コーナーに展示するというものでした。

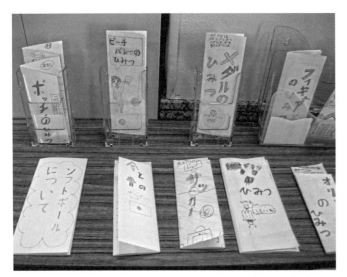

自分の作品が図書館に展示されて、児童も大喜び！

さっそく、中央図書館のＹＡコーナーに出かけて、昭和中学校の学校図書館にはない10代向けの図書を多数借りてきました。図書委員を集めて、その本を読んでもらい、紹介ポスターを描いてもらいました。さらに、児童コーナーの書架に掲示する紹介ポスターも作製して準備を進めました。

ポスター等の準備ができると、図書委員長や役員の生徒とともに中央図書館へ行き、掲示や展示も行いました。生徒たちの紹介した本は大変人気があり、多くの人に貸し出されたと聞き、うれしく思いました。

また、中央図書館での掲示期間が終わってから、学校図書館近くの壁におすすめ本ポスターを貼り出し「中央図書館に行こう！」という言葉も入れて掲示を行いました。この企画のおかげで、生徒たちは中央図書館を訪れて小さい頃に好きだった絵本を読み直したり、学校図書館にない本を探して読んだりする機会が増えたようです。この企画は現在も毎年夏休みの頃に行われ、中央図書館だけではなく、ほかの公共図書館でも近隣の中学校とコラボして行われていて、活動の輪が広がっています。

公共図書館内での掲示も図書委員ががんばりました！

特別寄稿

地域博物館の実践から
「博学連携」を再考する

袖ケ浦市郷土博物館

顧問　井口　崇

　博学連携ーそれは「博物館と学校が望ましい姿で連携・協力を図りながら子どもたちの教育を進めていこうとする取り組み」のことです。

　博物館教育の歴史を見ると、明治時代前期の日本における博物館の黎明期以来、児童生徒への実物授業の意義を一般に周知し、博物館を学校の一施設として活用する考えがありました。そして、その後も学校教育を支援する社会教育機関としての役割に期待が寄せられてきたのですが、社会の変化や時代の要請、また価値観の多様化等によって博物館における教育観も変化をたどりました。移りゆく時代の中で「ゆとりの確保」や、それに反動する「ゆとり批判」への転換とともに、「知識基盤社会（knowledge - based society）」への視点などが加わり、子どもたちのための「新しい何か」は常に、学校にとどまらず、地域の社会教育機関や地域社会そのものにも求め続けられています。

　ここでは、限られた紙幅ではありますが、私が勤務する袖ケ浦市郷土博物館（以下、袖博と記す）の「博学連携」20年を振り返り、改めて「連携」することの意味について考えてみようと思います。

1　袖博の「博学連携」の推移概観

　袖博は、昭和57（1982）年の開館以来、学校利用のための研究員会議を運営し、児童生徒の校外学習支援と、教職員への理解促進活動を行っていましたが、博学連携にシフトしたのは平成8（1996）年の中央教育審議会答申「21世紀を展望した我が国の教育の在り方について（第一次答申）」以降のことでした。新規に博学連携事業として注力したのは、教育環境の変化に対応しようとするものでしたが、もう一つの理由もありました。それは、袖博が開館15周年を迎えようとしていて、増改築と展示の全面リニューアルを行っていた時期でもあったので、袖博の存在をアピールし、学校や地域にとってより身近な博物館となって、そして市民から真に必要とされる博物館へと成長させる起爆剤とするためでした。

　私たちはリニューアルの準備、屋外施設の「アクアラインなるほど館」の建設、展示作業等々、怒涛の日々を過ごしていましたが、学校や地域とつながった博物館となる未来を夢見て、"いまこそ博物館の出番だ"と強く意識していたのです。

袖博の博学連携黎明期には、校外学習支援、資料貸出、アウトリーチの展開を主要なものと位置づけてまず実践し、試行錯誤の状況を博学連携研究員会議に報告し、改善のための意見を求めるというスタイルをとりました。当時の袖ケ浦市の教育ビジョンにも位置づけての行動でしたが、博物館側からの働きかけに学校教育現場等が呼応する形であったので、「博物館のために学校が協力をしているのだ」というような頑固な理解から脱却していくには時間が必要でした。しかし、実践を重ねるごとに博学双方からの働きかけが行われる状況になっていきました。博学それぞれ、本来の目的は違うけれども互いにメリットがあるという、まさに「連携の姿」が見えてきて、多くの取り組みが実現していきました。

袖ケ浦市郷土博物館の博学連携黎明期の取り組み一覧

年　度	取り組み事例	備　考
平成9	■博学連携研究員設置（学校教育課指導主事、小中学校教職員・読書指導員、教育センター職員等で構成）	研究員10名
平成10	■校外学習支援プログラム（小4社会、小6社会）の実践　■資料貸出　■博学連携研究員会議	支援：18校 貸出：9件
平成11	■アウトリーチ（出前授業・出前展示）プログラムの実践　■校外学習支援　■資料貸出　■博学連携研究員会議	支援：9校 ア：4件 貸出：17件
平成12	■校外学習支援　■アウトリーチ（出前授業・出前展示）　■資料貸出　■博学連携機関紙「そではく通信」発行（5回）■博学連携研究員会議	支援：11校 ア：4件 貸出：22件
平成13	■校外学習支援　■アウトリーチ（出前授業・出前展示）　■資料貸出　■博学連携機関紙「そではく通信」発行（5回）■学習相談（26件）■教職員対象の講義・研修会開催（14件）	支援：15校 ア：20件 貸出：10件
平成14	■校外学習支援　■アウトリーチ（出前授業・出前展示）　■資料貸出　■博学連携機関紙「そではく通信」発行（5回）■学習相談（16件）■教職員対象の講義・研修会開催（2件）　■図書物流システムに参加	支援：11校 ア：8件 貸出：3件
平成15	■校外学習支援　■アウトリーチ（出前授業・出前展示）　■資料貸出　■博学連携機関紙「そではく通信」発行（3回）■学習相談（25件）■教職員対象の講義・研修会開催（6件）　■貸出資料のキット化　■博学連携実践事例集『そではくの使い方』刊行（注1）	支援：20校 ア：20件 貸出：18件

（アンダーラインはその年度の新規事業）

　表に示したとおり、平成9（1997）年からの7年間は、毎年度新しいことに挑戦していました。博学連携研究員会議の運営や博学連携機関紙「そではく通信」の刊行は継続できていませんが、そのほかの多くは今の博学連携に継続されています。当時、博学連携研究員となってくれた市内小中学校の教職員、教育委員会事務局内の指導主事、平成7年に創設され市内の小中学校配置された学校司書（当時の読書指導員）、そして博物館職員には、がむしゃらに取り組むことで手に入れたとしか思えないそれぞれの“プロ意識”と“仲間意識”があり、連携することで生み出される感動や達成感を共有できるようになっていたような気がします。

2　袖博が追い求める地域博物館像と博学連携・地域連携

　袖博は「袖ケ浦市郷土博物館の使命」（注2）を策定し、地域博物館としての

基本目標や基本理念とともに使命として４項目、使命を実現するための活動目標６項目を掲げています。その活動目標の一つ「地域とのつながりを活かす－地域連携の展開」では、市民の多様な学習を支援するために調査研究や展示成果を発表し、市民が新たな価値を発見、創造できるような拠点となること、小・中・高等学校との連携により多種・多様なプログラムを開発し利用促進することで、子どもたちによりよい教育環境を提供すること、ほかの社会教育機関・博物館等とのつながりや地域の企業、ＮＰＯ等との交流・連携をより強化し、地域の歴史や文化を深く理解する機会を提供する、と定めています。

　そして、地域連携とともに主要事業として推進しているのが、地域学講座「袖ケ浦学」の実践と、市民協働という理念を博物館スタイルで実践している「市民学芸員」の活動支援です。博学連携の視点に立つと、袖ケ浦学は、郷土の歴史、行事や祭り、自然、動植物、産業等について幅広く学べるので、地域の学習素材を把握することができ、価値の分析から教材化につなげることができます。「市民学芸員」とは、自らの経験や知識を活かして博物館で活動するボランティアの方々なのですが、彼らは体験学習等で博物館にやって来る児童・生徒への解説や指導、さらには、学校へのアウトリーチ等で活躍しているので、博学連携になくてはならない存在となっています。そして言うまでもなく、地域連携は、博物館活動によって形成してきた幅広い組織的・人的ネットワークによって、多彩かつ深みのある学習支援を可能にします。

　博物館には、地域連携によって、新たな関係や価値の創造につなげるためのコーディネートを行いながら、子どもたちの学びをサポートしていく責任があるのですが、このコーディネートができるようになるには、経験だけではなく、高い意識が必要になります。

３　博物館と学校を結ぶ仕掛人 －コーディネーターとしての学校司書－

　地域連携、特に博学連携の推進では、博学双方の事情や本音に通じる人材がコーディネーターとなることが理想なのですが、博学連携の黎明期からともに活動してくれている学校司書がその役割を果たしてくれることが多くありました。例を挙げると、この本の著者である学校司書の和田幸子氏は最初、袖ケ浦の郵便局の待合室の一角を借りて私たちが開催していた「袖ケ浦百年歴史展」で、太平洋戦争時のゲートルや水筒、千人針、国防婦人会のたすきなどを見て、"授業で活か

したい"と考え、袖博と相談して中学校へのアウトリーチ（出前展示と解説）を実現させました。さらには自らが市民学芸員となって活動する中で、博物館を会場にした、中学生による「私のたからもの展」の開催、市民学芸員の仲間（貨幣コレクターでもある西飯靖さん）を招いての「貨幣の歴史」の授業を展開するなど、バイタリティーあふれる行動力で博物館と学校を結んでいってくれたのです。そして、今でも折に触れて、博物館の資料と人材を活かし続けてくれています。

　思えば、今の博学連携の土台づくりには多くの学校司書が関わってくれていました。"子どもたちの感動体験のために"、"よい授業とするために"、"本物の魅力やすごさを伝えるために"……。博物館資料とともに学芸員や地域人材を活用し、何ができるかを考え、さらに自ら学ぶ努力を惜しまない姿が、私たち博物館の学芸員の心を動かし、現場の教師たちの魂に火をつけたことも少なくなかったはずです。

4　結びに

　袖博が博学連携に取り組んでから、20年以上の月日が流れ、3回目の学習指導要領の改訂が行われました。今、袖ケ浦市内の小学校3年生と6年生は社会科の学習で、必ず袖博での体験学習を経験していますが、アウトリーチや資料貸出は以前よりも少なくなっています。中学校でもアウトリーチや資料貸出実績は減少しています。博物館でも学校でも以前に比べれば、ことごとく余裕がなくなっている気がするのですが、時代と社会の要請や価値観の変化があるのでしょうから、改めて学校側のニーズ調査や研修などの機会を通して、博学双方の現状を共有し直すことから、新しい博学連携の姿を描いていくべきでしょう。

　学校や教室を離れた子どもたちの学びの場として、驚きや感動を手にしてもらえる場として、未来につなげる地域の遺産を守る場としての博物館。その存在を認め、地域コミュニティーの未来を信じ、地域の文化を担う人材を育成するめに機能していく博学連携の意義は大きいはずです。地域の子どもたちを取り巻く私たちすべてが再度、相互に理解し合い信頼し合える存在となっていくことから、博学連携の充実と新展開が始められなければならないと考えます。

注1　博学連携実践事例集『そではくの使い方』は袖ケ浦市郷土博物館のホームページで閲覧できます。

注2　袖ケ浦市郷土博物館の使命は、市民学芸員と博物館職員による策定委員会で検討し、博物館協議会で議論を重ねて平成24(2012)年7月に策定されました。市民とともにつくり上げたこの「使命」も同ホームページで閲覧できます。

1節　学校図書館活用のための働きかけ

　私の学校司書の経歴は、1999年に中学校司書（2019年3月までは読書指導員と呼称していました）としてスタートし、それから3校の中学校で15年勤務しました。「中学校の図書館に人が必要なの？」「どうやって学校図書館を使って授業をするの？」こんな疑問を持った先生も当時は多かったのではないかと思います。指導する先生自身に学校図書館で授業を受けた経験がないし、学校司書が授業でどんなサポートができるのか、想像がつかなかったことでしょう。ですから、昼休みや放課後に生徒が本を借りに来ることや、教室に居場所がない生徒がやって来ることはあっても、図書館が授業で活用されることはわずかでした。

　そんな中で、少しでも授業で学校図書館を活用してもらえるように、都内や近県で開催される様々な研究会などに出席しました。そうして学んだ先進校の事例や書籍で見た実践例を印刷して先生方の机上に置いたり、自校でも実践があった場合は「先生方への図書館だより」として報告したりして、職員にアピールしていきました。

　また、学校図書館で行われた授業や活動はカメラで状況を記録し、生徒に配布したワークシートなどを先生からいただき、生徒の作成したワークシートのよいものをコピーさせてもらって保存するようにしました。翌年にその授業の時期が来ると、担当の先生に過去の事例としてそのファイルを見てもらいました。すると授業のイメージが膨らむようで、「同じように学校図書館を活用したい」と依頼を受けることができました。

　この実践ファイルは「ただ話を聞くより、写真や資料を見るとどんな授業だったのかがよくわかります」と先生方に好評で、中学校で勤務した15年間で37冊にもなり、私の宝物になっています。

①職員へのアンケート調査

　少しずつ中学校での学校図書館を活用した授業実践は増えていきましたが、小学校のように「図書の時間」という割り当てがあるわけではありません。新年度が始まると、「今年は授業で使ってもらえるのだろうか」という不安が必ずありました。その悩みを司書教諭の先生に話して、新年度のはじめに教科担当へのアンケート用紙を配ってもらうことになりました。アンケートの内容は、どの時期にどういう内容で学校図書館を活用したいか、学校図書館でどんな本を新規購入してほしいかなどです。実現が難しそうな要望でもかまわないという注意書きも添えておきました。

　各教科の先生からアンケート用紙が戻ってくると、すぐに1枚の予定表にまとめてみました。それは私にとって未来を照らす羅針盤のようにありがたいものでした。

　この予定表をもとに、教科の先生に「そろそろこの時期になりましたが、何かお手伝いできませんか」と声をかけたり、「今年度は、この授業に対応できるように○○の本を多く購入したいと思いますが、選書の相談にのっていただけますか」とお願いしたりして、学校図書館での授業をアピールすることができました。

平成25年度　袖ケ浦市立昭和中学校図書館活用　予定表

教科	学年	4月	5月	6月	7月	8月	9月	10月	11月	12月	1月	2月	3月
国語	1年	図書館オリエンテーション			ベンチ			物語の始まり	故事成語,中国の名言			言葉がつなぐ世界遺産	
	2年	図書館オリエンテーション		方言と共通語	夏の葬列		近代の短歌	平家物語	ガイアの知性			歌舞伎	
	3年	図書館オリ・新しい博物学の時代		狂言	無言館の青春		近代の俳句	奥の細道,万葉・古今・新古今					
社会	1年		国名の由来を調べる	鼻欠古墳								歴史上の人物調べ	
	2年						貨幣の歴史						
	3年												
数学	1年								平面図形,数学の歴史		空間図形,数学の歴史		
	2年												
	3年										三平方の定理,数学の歴史		
理科	1年			植物の分類	自由研究					火山の噴火		地震による被害	
	2年				自由研究			動物のなかま,無脊椎動物	前線と天気の変化				日本の天気
	3年							天体の1日の動き	科学技術とわたしたちのくらし				
音楽	1年				ソーラン節				日本の民謡				
	2年		箏について		ソーラン節				歌舞伎紹介				
	3年				ソーラン節					日本の伝統音楽			
美術	1年		平面構成モチーフデザイン								レタリングレポート		
	2年		彫刻鑑賞								抽象画鑑賞(モダンテクニック)		
	3年	仏像調べ(奈良京都)		木箱のデザイン			篆刻						
保・体	1年	毎日カップ・体力テスト		ソーラン節				マラソン・駅伝	感染症(インフル・性感染)		ソチオリンピック特集		
	2年	毎日カップ・体力テスト		ソーラン節				マラソン・駅伝	感染症(インフル・性感染)		ソチオリンピック特集		
	3年	毎日カップ・体力テスト		ソーラン節				マラソン・駅伝	感染症(インフル・性感染)		ソチオリンピック特集		
技・家	1年										住まいの工夫調べ学習発表会		
	2年				給食の献立を考えよう						消費者教育調べ学習発表会		
	3年												
英語	1年	英語辞典の引き方											
	2年		Unit2日本の名所				世界の祭り				町紹介外国の住まいや町並み		
	3年		修学旅行記	文化紹介	Father'sLullaby戦争・平和学習				20世紀の偉人なりたい職業について				
道徳・学活		〈人権〉	学級目標作りなど	〈平和〉	〈平和〉		〈月1回程度、道徳に使える本の紹介予定〉	〈人権〉	〈人権〉	〈福祉〉		〈福祉〉	
総合的な学習の時間	1年		校外学習 掲示物作成		調べ学習レポート作成&発表会						職業調べ		
	2年			自然体験学習 事前事後調べ・調べ学習レポート作成&発表会								高校調べ	
	3年		京都修学旅行 事前事後調べ										

105

②新任・転任教職員に「図書館の活用」をインプット

昭和中学校では4月に新任・転任職員を迎えた日に、学校内を案内することが恒例となっていました。その時に学校図書館を最後の案内場所にしてもらい、新任・転任職員に向けた学校図書館オリエンテーションを行うようにしていました。司書教諭、図書館担当職員、研究主任、前年度に学校図書館を積極的に活用してくれた先生方に参加してもらいます。前年度に学校図書館で行った授業や諸活動を紹介するとともに、他市から異動してきた教職員には、袖ケ浦市で行っている図書流通システムの紹介などを行いました。学校図書館には生徒たちが利用できるパソコン、ファックス付き電話、コピー機などがあることもアピールしました。

こうして、新任・転任教職員の方々の頭に「学校図書館の活用」をインプットし、授業プランに組み込んでもらうように働きかけました。他市から転任された先生には「学校図書館がこんなサポートをしてくれるのはありがたい。ぜひ活用してみたい」といった感想をいただくことができました。

③年度末には活用報告会を開催

中学校では、年度末に実際に学校図書館を活用して実現した授業や活動、図書委員会の活動をまとめた一覧表を作成しました。また、連携授業の様子を撮影した写真を使って、その年度の学校図書館の活動を紹介する、プレゼンテーションソフトの資料も作成します。司書教諭の働きかけで3月末の職員会議で時間を取ってもらい、学校図書館活用報告会を開催するようになりました。

実際に授業を行った先生に、どのように図書館と連携をして、どのような点が役に立ったかなどを発表してもらいました。中学校は教科担任制なので、他教科でどのように学校図書館の活用がされているのかを知る機会はほとんどありませ

授業との連携の記録　昭和中学校図書館　2013.4〜2014.3　−25年度−

	1年生	2年生	3年生	図書委員会 他活動
前期	○国語 図書館オリエンテーション 利用案内・NDC紹介・分類を知る・ブックトーク	○学級活動 目標の言葉を辞書で探す クラス掲示参考本	○学級活動 目標の言葉を辞書で探す クラス掲示参考本	朝の読書用 貸出 クラス10冊（毎月）
	○国語 「ベンチ」ブックトーク 読書ノート	○国語 方言別調べ・発表会		新規購入図書 リクエスト受付集計
	○美術 デッサン 昆虫標本・動物飼育・図鑑を見て描く	○自然体験学習 事前調べ・新聞作成・学習班 掲示物作成	○総合 修学旅行 京都事前事後学習・掲示物、新聞作成	4.23子ども読書の日紹介 Enjoy！お話会！！ 5/21 5/22 5/23
	○国語 国語辞典の使い方	○家庭科 献立作り 献立を考える	○美術 木箱 デザイン 花・動物・植物などの写真を参考にする	サン・ジョルディの日掲示
	○社会 鼻欠古墳を知ろう 袖ケ浦市郷土博物館長による特別授業	○国語 調べ学習レポート ガイダンス		沖縄献霊の日紹介
	○学級活動 クラスの学級目標決定 辞書活用	○総合 レポート発表会 準備 レポート発表会 クラス内発表 レポート発表会 学年→全校発表	○美術 仏像調べ 資料提供	すすめ絵本タイム 美術部掲示物協力
	○国語 調べ学習レポート ガイダンス		○美術 篆刻 資料提供	朝の読書タイムチェック 図書委員長と読書指導員による各クラスのチェック
	○国語 読書川柳 作成	○英語 英和和英辞典		夏休み読書案内 掲示 新着おすすめ本ポスター
	○総合 レポート発表会 準備 レポート発表会 クラス内発表 レポート発表会 学年→全校発表	○道徳 ブータンから学ぶ		
後期	○社会 世界の国を調べる	○若竹学級 作品制作 かぐやひめ	○英語 A Mother's Lullaby 「かあさんのうた」朗読・原爆パネル資料提供	歌舞伎紹介 調べ学習コンクール 作品出品
	○家庭科 快適に住まう工夫 住まいについて 班ごとに調べて発表会	○英語 国のルールを調べ、紹介する		寄贈本 受付週間 10/29〜11/1
	○道徳 ブータンから学ぶ	○家庭科 消費生活と環境	○国語 無言館の青春 VTR提供	リーディングマラソン 10/30〜11月8日 Enjoy！お話会！！ 12/10 12/11 12/12
	○総合 職業調べ	○美術 比較デザイン	○国語 万葉集・古今集・新古今集を調べる 資料提供	
	○理科 地震・噴火	○国語 擬態語・擬声語	○若竹 手話ダンス ビデオ・資料提供 手話ダンス講師紹介	朝日中学生ウイークリー活用 試験対策（数学・英語）情報提供 3年生受験対策・面接情報
	○数学 平均値	○道徳 学年 他者理解「てるちゃんのかお」 国際理解「世界がもし100人の村だったら」		教科書の作家 作品紹介
	○道徳 ブックトーク「みんな一緒に」 石井更幸さんに学ぶ	○保健体育 感染症 調べてまとめて発表会	○社会 新聞記事から学ぶ 毎日新聞ワークシート提供	数学・数字に関する本紹介
		○技術科 情報モラル		

ん。教科は違っても参考になる点があるので、みなさんに興味深く話を聞いてもらえました。

④自然な形で図書館の要望を伝えるには？

　次は小学校での働きかけです。中学校では、例えば家庭科でよい図書館活用事例があると、毎年その学年の家庭科で学校図書館を使ってもらえるようになります。一方、小学校では毎年担任が変わりますし、そのクラスのみの活動もあるので、４月にその学年担当になった先生に、学校図書館を活用した前年度の実践例を知ってもらい、新年度の授業に役立ててもらうことが大切です。

　そこで中学校と同様に、新年度が始まってすぐに研修の時間を取ってもらい、前年度の学校図書館活用報告会を行っています。昨年度の活動をプレゼンテーションソフトにまとめたものを見てもらいながら、各学年でどんな連携授業が行われたのかの報告会を行い、連携授業の中心となった先生に授業の内容について話をしてもらっています。当初はそのクラスだけの取り組みだった授業も多くありましたが、この報告会によって学年全体が同じように連携授業を行うことが増えてきたようです。

　また、パソコンを使っての貸出・返却処理のやり方を担任の先生にも学んでもらい、読書記録カードや、多く本を読んだ児童への特典である１冊券のことも説明します。

　また、授業の中で図書館利用のよい指導をしている先生に、その内容について話してもらいます。例えば、授業での活動は終了の５分前に終わらせて、残りの時間で児童が図書館の机の上や使ったいすをきちんと片づけて、読んだ本や本棚の整理をするといった指導について話してもらうのです。

　学校司書が「図書館を使った授業では片づけまでしてほしい」「あの先生はこうしている」と直接伝えてもいいのですが、先生に話してもらったほうが、自然な形で学校図書館側の要望を伝えられると思っています。

　また、年度はじめだけではなく、総合的な学習の時や時間をかけた連携授業を行う時にも、授業の準備段階で司書教諭、学校司書、学年の先生で学校図書館に集まり、打ち合わせをしています。図書館にどんな資料があり、ない資料はどの程度集められるのか、資料の使用期間などを話し合います。司書と先生方で共通認識を持って活動を進め、その学年の児童が必ず同じ学習をして、情報活用能力を高められるように気を配っています。

⑤保護者・地域にも活動をアピール

　小学校でも中学校でも、図書館だよりには学校図書館と連携した活動をのせて、ほかの学年の児童・生徒や保護者にも紹介するようにしています。保護者が学校図書館での活動を参観する機会は少ないので、学校図書館が読書のための場所だけではなく、授業で活用する場所であり、疑問を解決するために多くの資料が提供され、学校司書がサポートを行っていることなどを知ってもらうことができます。

　また、小学校でも中学校でも学校図書館支援ボランティアを募集して、館内整理や本の修理、掲示物作製の補助、蔵書点検の手伝いなどをお願いしています。毎年4月に、学校からのおたよりで学校支援ボランティアを募集していて、その活動の一つとして学校図書館支援も入れていただきます。ボランティア依頼は地域の回覧板にも入れていただいているので、保護者だけではなく、地域の方もボランティアに登録してくれます。

　実際に活動する際には、ボランティアの代表者と教頭先生と学校司書とで相談し、メールで活動の内容と日時を知らせ、当日に都合のよい人に集まってお手伝いをしていただいています。

　ボランティア活動の最中に、学校図書館での授業が入り、子どもたちがいきいきと活動している場面を見ていただく機会もあります。多くの子どもたちが、学校図書館の本を活用していることを知ってもらうことで、保護者や地域の方にも学校図書館の重要性を認識してもらうことができていると感じています。

2節　資料ファイル・ブックリスト・パンフレットの効用

　学習に必要な資料を準備できるのは「学校図書館に力を入れている袖ケ浦市だからできるのでは」と思われる方も多いかと思います。しかし、市の図書流通システムは便利なものとはいえ、同時期に同じ単元の学習が行われるため、複数の学校で本が使われることも多くあります。常にふんだんに公共図書館や他校から必要な本が届けられるわけではないのです。また、どの学校の蔵書数も1万冊を超えている程度で、決して充足しているとはいえません。学校司書が公共図書館に出向き、開架部分の本を借りてくる、足りない資料を他校に借りに行く場合も多くあります。

　学校司書として活動している方は誰でも、先生や児童・生徒が必要とする資料を用意したい、用意した資料が学習や活動に役立ってほしいと願って奮闘しておられることでしょう。ここでは、私が実践している手作りの資料ファイル・リストづくりや、パンフレットの活用例を紹介します。

①オリジナル資料づくり

　図書資料が少ない場合は授業者である先生と協力して、本から必要な部分をコピーして厚紙に貼りつけて、独自の資料ファイルを作成しました。

　こうした独自の資料ファイルは、中学校で多く活用しました。国語の授業で「万葉集」「古今和歌集」「新古今和歌集」を調べた時は、短歌の作者について紹介された本の一部をコピーしてファイル資料として活用しました。1年生理科でも資料の少なかった「生活に役立つ気体」についての情報をファイル資料として作成しました（64ページ参照）。

　そのほかにも、中学3年生国語の「世界の子ども」の学習に関連して、ユニセフから世界の貧困や子どもの状況を知る資料を取り寄せました。中学1年生総合福祉の学習では、市役所の福祉コーナーにある介護のパンフレットや、介護施設などで資料を集めています。地元に関する資料は、市役所や博物館で集められます。近隣のアウトレットなどの観光情報コーナーにある地方自治体の観光パンフレットも役に立ちます。

　また、袖ケ浦市の中学校では『Newsがわかる』（毎日新聞出版）、『Number』（文藝春秋）、『Newton』（ニュートンプレス）などの雑誌を購読しています。「調べ学習に役立つかもしれない」と、これらの雑誌の毎号目次のページをコピーして雑誌記事索引としてファイルしました。この索引はオリエンテーションの時に紹介し、参考図書の使い方を学ぶ時に活用し、調べ学習のテーマを考える時の参考資料としても活用

できました。

　小学校でも、同様の資料を作成しました。３年生総合で地域のことを調べる時には、袖ケ浦市で出版している『袖ケ浦町史』や『袖ケ浦市史』『昭和地区の民俗』などの郷土資料を集めました。しかし、これらの郷土資料の記述は小学生が読むには難しいので、読みやすい文章に直して、読みがなを振ったものを準備しました。この時は私一人だけではなく、ボランティアの方々にも手伝ってもらいました。

　『毎日小学生新聞』も活用しました。この新聞は５年生の新聞を使った学習でも使いましたが、記事を切り取って資料としても使えます。この時にラミネート加工しておくと複数年で活用できて便利です。４年生国語で故事成語について学んだ時には、論語を漫画で解説した記事「論語くん」を毎号切り抜いてラミネートしたものを役立てています。３年生と６年生の職業調べでも「仕事百科」という記事を活用しています。４年生ではオリンピック・パラリンピック調べに「オリパラ大百科」という記事を切り取ってラミネート資料として役立てました。

　「役に立ちそう」と思って切り抜いておいた「日本の郷土料理」という記事は、数年後に始まった５年生総合の和食調べに活用しています。このように、後から役に立つ場合もあります。

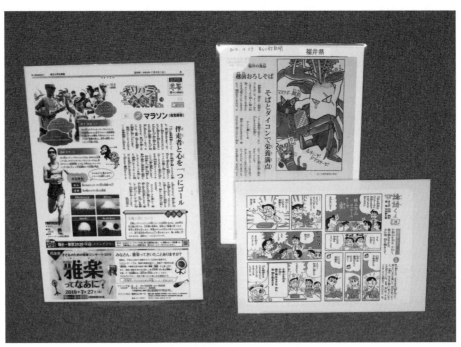

ラミネート加工すると保存性がアップし、整理もしやすくなります。

②複数のブックリストを使い分ける

　ブックリストは、児童・生徒が調べる時に役立つものですが、その活用方法は様々で、使用する目的によって作成方法も変わってきます。

ブックリストの種類

1 児童・生徒が調べるテーマを決定するためのブックリスト
2 児童・生徒が調べていることを早く見つけるためのブックリスト
3 児童・生徒が各自で作成したものを1冊の資料にまとめた時に、巻末につけるブックリスト
4 通し番号つきブックリスト 　資料ごとに通し番号が振ってあり、調べたものをまとめる時に書誌情報の代わりに番号を書き込む
5 学校司書用のブックリスト 　学年全体で行う調べ学習などで複数のレファレンスを受けた時に、司書がスムーズに対応するためのもの

1のブックリストの例（現代の紛争と平和について調べよう）

テーマ	No.	書名	出版社名	本の内容	分類	所在	チェック
平和のための国際的な取り組み	1	ニュースに出てくる国際組織じてん 1 国連組織	彩流社	国際連合とそれに関連する組織を紹介。ユネスコ・ユニセフ・国連難民高等弁務官事務所など	32	昭和小学校	
	2	ニュースに出てくる国際組織じてん 2 軍事と平和	彩流社	国際社会では、争いごとが起こらないように条約を作っています。軍事と平和に関する主な条約が採択された年が古い順に紹介しています。	32	昭和小学校	
	3	くらべてわかる世界地図 1 暴力の世界地図	大月書店	紛争の起きた国、少年兵のいる国、小型武器の数、各国の軍事費、兵器の売買、地雷、難民の数など世界の国々の事情を地図と数で紹介。	319	昭和中学校 根形中学校	
	4	写真絵本　国境なき医師団 2 戦争で傷ついた人びと	大月書店	内戦や紛争の起きている国で、助けを求める人々のそばに「国境なき医師団」の医師や看護師たちがいます。	329	昭和中学校 根形中学校 中央図書館	
	5	写真絵本　国境なき医師団 3 難民となった人びと	大月書店	「難民」とは戦争や迫害によって家を追われ、国境をこえて避難してきた人々のことです。「国境なき医師団」が食料や医療などの支援をしています。	329	昭和中学校	
	6	NEWSがわかる　2017年7月号 増え続ける難民	毎日新聞社	世界の難民・国内避難民らの数は約6530万人に達した。日本はどのように難民を守っているのだろう。日本で暮らす難民を紹介。	雑誌	平川中学校	
	7	調べ学習に役立つ　社会科事典 7 政治と国際社会	国土社	国際連合・国際組織の役割と活動を紹介。PKO（平和維持活動）・国際赤十字など	30	中央図書館	
	8	調べて学ぶ　世界のすがた 1 平和と人権	大日本図書	子どものための活動、難民保護のための難民条約、国連の平和維持活動などについて紹介。	30	中央図書館	
	9	地雷のない世界へ はたらく地雷探知犬	講談社	世界のあちこちに埋められている地雷。それをいっしょうけんめい探し出す犬がいます。	31	中央図書館	
	10	世界を救う国際組織 1 国際連合	偕成社	ふたつの国で戦争が起きた場合、両者の仲介者として国連が存在します。	32	中央図書館	
	11	世界を救う国際組織 2 国連難民高等弁務官事務所	偕成社	難民問題をあつかい、難民を保護する世界最大の組織。	32	中央図書館	
	12	世界を救う国際組織 3 国際赤十字	偕成社	戦争が起きた時、傷ついた者を助け、救助隊や衛生隊を組織し、食料をくばり、世話をします。	32	中央図書館	
	13	国際平和をめざして 【国際連合】	ほるぷ出版	国際連合の目的と責任。国連の仕事。国連の機関の紹介。	32	昭和小学校	
	14	国際紛争や災害の被害者を救う 【国際赤十字】	ほるぷ出版	赤十字の誕生。国境をこえた運動。戦争の時の赤十字の活動。	32	昭和小学校	
	15	世界の子どもたちのために 【ユニセフ】	ほるぷ出版	ユニセフの仕事。子どもの幸福と貧困。予防できる病気とたたかう。	32	昭和小学校	

3節　司書教諭との連携

司書の席は職員室のどこですか？

　昭和小学校では、職員室での学校司書の席を司書教諭の近くにしてくれています。そのため、休み時間の短い場合や給食の時などに「今日は図書館でとてもよい授業があったんです」「○組の調べ学習発表会は素晴らしかったです」など、学校図書館による授業支援の状況を報告するようにしています。「○○君がこんなことを言ってくれました」「○○先生がこんな本を紹介してくれました」といった小さなうれしい出来事もなるべく伝えて、学校図書館の様子を知ってもらっています。

　また、昭和小学校では、毎週木曜日と金曜日の5時間目は司書教諭の時間になっていて、調べ学習を進めているクラスに来てもらって指導をお願いしたり、ＴＴに入ってもらったりすることができます。この時間に授業が入っていない場合は、学校司書との打ち合わせの時間として、今後の予定を細かく打ち合わせし、現在困っていることなどを相談して解決法を考えてもらっています。

　私が「うーん」とつぶやくと「和田先生どうしたんですか？」とすぐに相談にのってもらえる、学校司書にとって本当に心強い相棒が司書教諭です。例えば、本を借りたい児童がカウンターに並ぶ時、「もう少し管理用のパソコンの近くに並んでほしいのに、その手前で止まってしまう場合が多いです」と相談したことがあります。司書教諭は「ではカウンターに1、2、3と番号を書いた用紙を貼ってみたらどうでしょう」とアイデアを出してくれました。1に借りる児童が立ち、2に次の児童、3にその次の児童が並ぶようにする仕組みです。カウンターにこの番号を貼って以来、児童が管理用のパソコンの近くに並んでくれるので、貸出がスムーズになりました。

席が近いと気軽に連絡・相談できます。

総合的な学習の時間など、学年全体で調べ学習を進める際も、司書教諭が先生方と学校司書をつなぐ役割を担ってくれます。打ち合わせをセッティングしてくれたり、ワークシートを作成してくれたり、先生方へアドバイスをしてくれたりしています。

　今後も先生の求める授業を実現できるように、司書教諭と力を合わせていきたいと願っています。

司書教諭のアイデアで、貸出・返却がスムーズに。

4節　積極的な営業活動と誠実なアフターサービスを

シーズンオフこそ営業活動を

「多くの先生や教科に活用されることで、学校図書館を成長させていきたい」というのが学校司書である私の願いです。特に中学校では授業で学校図書館を活用してもらおうと、営業活動も積極的に行ってきました。

例えば、1〜3月になると、どの教科もまとめに入り教室で忙しそうで、学校図書館を活用した授業は少なくなります。しかし、体育はグラウンドも体育館も使用できない場合には、教室で保健の学習をしていることが多くなるようでした。それを聞きつけて、「学校図書館を使っ

発表の後は養護教諭による特別授業。

て感染症の調べ学習と発表会をするのはどうでしょう」と提案してみました。

調べるための資料を生徒一人あたり1〜2冊程度用意できること、ブックリストも用意して調べるテーマや内容を見つけやすくできること、2時間程度でテーマを決めてわかったことをまとめることができること、でき上がったワークシートを印刷して冊子にまとめる手伝いもできること、発表会もお手伝いできることなど、数々のセールスポイントを話し、授業が実現できました。

さらに、養護教諭による感染症に関する特別授業を計画しました。生徒による発表会の後で、養護教諭からインフルエンザとノロウイルスに対する対策の違いやブラックライトを使っての手洗い実験などの講義を学校図書館で行ってもらいました。授業の打ち合わせは学校司書が保健体育科の先生と養護教諭のコーディネート役を果たし、ブラックライトも学校司書が図書流通システムを活用して他校から借りることができました。

こちらから提案して実現した授業は、このようにとことんサポートをするようにしています。その授業がうまくいくと、次年度以降、学校図書館を活用した授業を続けてもらうことができるからです。

一方、小学校の学校図書館では、教科での調べ学習は教室で行う形が多いようです。学校司書仲間に話を聞くと、資料を提供しても調べ学習の授業では本を教室に持ち込んで行うから、どんな内容なのかがわからないという人もいます。

そうした場合、この章の最初でも述べましたが、私は授業中の教室へお邪魔してどのように資料が活用されているのかを確認したり、カメラで児童・生徒の活動を写し

て記録に残したりしています。授業で使ったワークシートや作品も見せてもらったり、学校図書館に掲示させてもらったりもします。

ワークシートの中身もチェック

また、ワークシートの中身にも気を配ります。以前、先生の作成したワークシートに、本を使って調べているのに出典を書く欄がなかったことがありました。そんな時は先生と相談し、ワークシートを修正して出典欄を追加し、次の「図書の時間」に児童・生徒に使った本の書名や出版社を書くように指導します。

本を用意して貸し出すだけではなく、児童・生徒が情報活用能力をしっかり身につけることが大切です。使った本の情報を記入する力や、引用した情報と自分の考えを分けて書くことなどを身につけられるように、授業支援の後のアフターサービスも充実させたいと考えています。

学校図書館の館長は校長先生

文部科学省による「学校図書館ガイドライン」には「校長は，学校図書館の館長としての役割も担っており，校長のリーダーシップの下，（中略）教職員の連携の下，計画的・組織的に学校図書館の運営がなされるよう努めることが望ましい」と明記されています。校長先生に学校図書館の活動を知ってもらうことは大切です。

昭和小学校では平成30年度から令和2年度までの職員研修において学校図書館活用部会を設け、学校図書館を活用した授業の研究に取り組んでいますが、部会の実現にも校長先生からの後押しが大きかったと感じています。

学校図書館を活用した授業でワークショップやポスターセッション、ブックトークの発表会などがある時は、事前に校長先生に「○日の○時間目に学校図書館に参観にいらしてください」とお知らせして、子どもたちの活躍を見てもらうようにしています。子どもたちにも「今度の発表会に校長先生が見に来てくれるよ」と話すと「えー」と驚きながらも練習に力が入ります。

また、学校図書館での活動で子どもたちががんばっていることは校長先生だけではなく、職員室で教頭先生や教務の先生、他学年の先生にも話すようにしています。「○○さんが、こんなことを調べて発表しましたよ」と伝えたり「○○君が作った作品です」と見てもらったりして、学校図書館が児童・生徒の力を伸ばすのに役立っていることを多くの先生たちに知ってもらいます。そうしたアピールが、学校図書館のさらなる活用につながっていきます。

学校図書館を通して
子どもに身につけてほしいこと

前 袖ケ浦市立昭和小学校
司書教諭　佐藤　香

担任と学校司書のコーディネーターとして

　司書教諭は、学校教育目標の具現化のために学校長から発令される校内の役割の一つです。知・徳・体のバランスのとれた教育のために、学校図書館からできるアプローチは何かを考えて、学校全体の読書教育推進計画を立てています。昭和小学校では、「知」として資料を学習に活用できるようにする学び方指導を、「徳」として心の成長を支える読書指導を、「体」として図書委員会活動を通して勤労・奉仕・責任感を育てる指導を行っています。これらの指導を学級担任の個性や力量に任せるのではなく、児童にとって段階的で連続性のある学びにしたい、そのために司書教諭の立場だからこそできる役割があると考えています。

　児童に対する一連の指導は、主に学級担任がそれぞれの学級で行います。その指導に多く関われるのは、司書教諭ではなく学校司書です。学校司書が持っている多くの知識や情報を、担任が指導したい内容（学校の教育課程）に合うように、担任と学校司書をうまくつなげることを第一に考えてコーディネートするのが、司書教諭の一番の仕事です。

　学校図書館を使った学習を段階的で連続性のある学びにするためには、同じ学年ではどの学級も同じ学習活動ができていなければなりません。新年度に学級のメンバーが変わり担任が変わっても、前年度にどの子も同じ学習をしていれば学びの連続性が保証されるからです。昭和小学校には読書教育推進委員会があるので、学年同一歩調での学習が実施しやすい環境にあります（119ページ参照）。

　1年生は学校図書館の使い方を知り、本を楽しく読む時間を積み重ねます。2年生は本を楽しく読むことを続けながら、図書資料から調べたり本を紹介し合ったりする活動を通して、3年生から始まる資料活用の基礎を学びます。総合的な学習の時間が始まる3年生は、学び方指導も本格的に始まります。そこで、国語

辞典と百科事典の使い方指導は司書教諭Ｔ１、学級担任Ｔ２、可能な時間は学校司書Ｔ３と、３人体制であたります。図鑑の使い方は国語の「生き物のひみつを調べよう」の学習と関連させて、学級担任と学校司書が連携して作品づくりと発表会まで行います。４年生は漢字辞典の使い方、５年生は学習年鑑の使い方を学び、６年生は学びの集大成として「卒業論文」に取り組みます。

　日々の学習の中心は学級担任と学校司書ですが、司書教諭は教育課程に位置づけられた週２時間の司書教諭の時間を使って各学級の授業支援に入ることができます。Ｔ３まで確保できると、書誌情報の漢字を読めない中学年や卒論の個別のテーマ設定の相談など、個別支援を充実でき、有意義な時間になります。

学年の全員に「発信」を体験させる

　昭和小学校で心がけていることは、調べて作品を作るだけではなく発信まで行うことです。まとめ方や発表の仕方は国語の教科書などで紹介されていますが、学年の全員が体験していることは児童の力になっていると思います。初めて取り組む発表形式でも、高学年の発表を動画で見せたり、作品を学校図書館に掲示したりすることで、児童に見通しを持たせる工夫をしています。これらは、学校司書が常に学校図書館にいて日々の学習成果を蓄積できるからこその取り組みなのは言うまでもありません。

「学ぶ」とは、学校でのその場限りの知識の習得ではなく、つながりを考えながら物事を見る目を育てることだと思います。児童たちには「知らなかったことを知ることはおもしろい、わかるって楽しい」ということを教えたいと思っています。これは「疑問を持って調べる→調べて疑問が解決する→わかるって楽しい→日々の生活から新たな疑問を見つける」というサイクルを何度も経験することによって、少しずつ身についていくものだと考えます。調べる学習は、小さな疑問の解決を何度も何度も繰り返す地道な学習です。でも、子どもたちが旅行でほかの地域に出かけていって普段目にしないものを見た時に、「あれは何だろう？」「何をするために使うものなのだろう？」「どうして自分は今まで見たことがなかったのかな？」などと疑問を持ち、それを自分で調べて「そうか、なるほど！」と思えるようになったら、それは人生が少し豊かになった瞬間だと思うのです。自分の目の前にある疑問を何とかして解決したいと思える子どもたちは、これからの社会をよりよく変えていける人材になっていくと思っています。

学校教育目標の具現化を図る
学校図書館経営

前 袖ケ浦市立昭和小学校

校長　鴇田　道雄

1　読書教育推進計画の作成

　本校は「自ら学び　豊かな心で　たくましく生きる子どもの育成」を学校教育目標に掲げ、「かしこい子・やさしい子・たくましい子」を目指す児童像とし、「確かな学力」「豊かな心」「健やかな体」の育成を目指しています。

　毎年4月、学校教育目標の具現化を図るために、各主任から様々な全体計画や推進計画が提案されます。読書教育に関しては、司書教諭が「読書教育推進計画」を提案し、全職員で共通理解を図り、共通実践に努めています。

　本校の読書教育推進計画には、学校教育目標具現化のための学校図書館からのアプローチとして、学校図書館の2つの役割、すなわち、読書センターとしての役割と学習・情報センターとしての役割を意識して読書教育を推進することが述べられています。

（1）読書センターとして、読書指導の充実を図り豊かな心を育成する

　校舎内外に魅力ある読書環境をつくること、朝の10分間読書や読み聞かせ、ブックトーク等の読書活動を充実させること、子どもたちが本と向き合う時間を確保すること、読書ボランティア等の積極的な導入を図ることに取り組んでいます。2019年度は道徳教育や人権教育と関連させた取り組みを実施することを重点としていました。

（2）学習・情報センターとして、学び方の指導を通して、自ら学ぶ力を育成する

　学校図書館にインターネットに接続したパソコンや電話、ＦＡＸ、新聞、雑誌、ファイル資料等を整備し学習・情報センターとしての環境を整備すること、学校図書館を学びの中核に据え、各教科、領域等で活用することを教育課程に位置づ

けること、情報の集め方、整理の仕方、まとめ方、発表の仕方等の学び方を系統的・段階的に学校図書館で指導する体制を構築することに取り組んでいます。2019年度は学校図書館を有効活用できる教科、単元の開発とともに学習指導要領全面実施を視野に入れ、

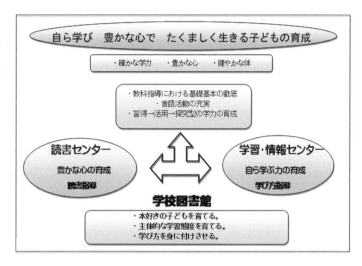

「主体的・対話的で深い学び」の実現のための学び方指導を重点としています。

　この読書教育推進計画は、司書教諭が一人で作成するものではありません。校長、教頭、教務主任、副教務主任、司書教諭、学校司書、総合的な学習主任、国語主任に加え、各学年1名で組織する校内読書教育推進委員会で作成することにしています。

2　本校の読書教育推進目標

　本校では、学校教育目標の具現化を図るため、読書教育に関して目標を定め取り組んでいます。2019年度の目標は以下の通りです。

・学校図書館に親しみ、読書の楽しさや喜びを味わわせ、豊かな心情を培う。
・知るために読み、新しい知識や情報を活用し、自ら問題解決する力を育てる。
・発達段階に応じためあてを持たせ、読書力を身に付け、高めさせる。
　数値目標：月5冊または500ページ（年間60冊または6000ページ）
・学校図書館の計画的な活用と学習資料の共有・蓄積を推進する。
　数値目標：学校図書館を学習で活用する時間＝各学級年間30時間以上

3　学校図書館を学びの中核に

　本校では2018年度より、学校図書館活用部会を設け、学校図書館を活用した授業のあり方の研究に取り組んでいます。これは、これまでの学校図書館の活用が国語の時間に偏り、他教科に広まらないという反省を受けて設けたものです。

2019年度の学校図書館活用部会は、「思考力・表現力を高める学習指導のあり方」を研究主題とし、「学校図書館活用を通して主体的・対話的で深い学びを目指す」をサブテーマに研究を進めています。

　研究の中心は、学校図書館を有効活用できる教科や単元の開発に始まり、学び方ガイド※の有効的な活用方法、特に情報の集め方、整理の仕方、まとめ方、発表の仕方の効果的な方法を開発することです。授業研究は司書教諭、学校司書とともに部員全員が年間一人1回行うことにしています。この本の中で紹介したものもありますが、2019年度、行われた授業研究の概要を紹介します。

　3年生の社会科では、「かわってきた人々のくらし〜古い道具と昔のくらし〜」の単元で、昔の道具について図書資料やインターネットを活用して必要な情報を集め、情報カードに記録し、それを整理してポスターにまとめ、発表する活動を行った。

　4年生の総合では、郷土学習をテーマに「なるほど、発見千葉」という単元を設定し、自分たちが住んでいる千葉県の魅力や良さを図書資料やインターネットの情報をもとに調べ、さらに電子メールや電話、FAXを利用して調査する活動も取り入れ、千葉県を訪れる人々にポスターセッションで紹介した。

　5年生の社会科では、「わたしたちの生活と食糧生産〜水産業のさかんな地域〜」の単元で、日本の水産業の特色について、教科書や学習年鑑の資料から課題を設定し、図書資料、インターネット、FAX、電話等を用いて情報を集め、整理し、地方別にまとめる活動を行った。

　6年生の総合では、「未来へはばたけ！マイ卒業論文！」という単元を設定し、児童の興味関心に基づく課題を設定し探究する活動を行った。この卒業論文は6年生全員が行う特色のある活動である。6年間に培った探究する学びの集大成と言えるものである。この単元では、①児童の興味関心から調べたいことをテーマに設定する→②図書資料やインターネットの情報を活用し必要な情報を収集する→③収集した情報を整理し、構成を考えて卒業論文としてまとめる→④調べたことをワークショップ形式で個人発表する、という流れで学習を進めた。

　2019年度の実践が国語科だけではなく、社会科や総合的な学習の時間に広がったことは大きな成果です。今後は理科、図工、音楽などの教科でも学校図書館を活用することを目指しています。各教科の学習で日常的に様々な図書資料やイン

ターネットから必要な情報を収集し、整理し、自らの課題を自らの力で解決する方法を身に付けさせたいものです。

4　司書教諭、学校司書、教科担任、学級担任の連携

　学校図書館の活用は、司書教諭、学校司書だけが努力しても広がるものではありません。年間指導計画や単元計画を構築して教育課程に位置づけ、授業を行うのは教科担任、学級担任だからです。

　教科担任、学級担任の意識改革を図り、司書教諭が全体計画の作成と調整を行い、学校司書が授業をサポートする体制の構築こそが、今、一番必要なことだと感じています。

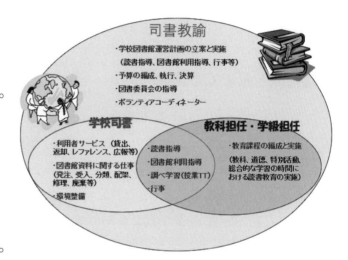

※学び方ガイド：袖ケ浦市教育委員会が独自に編集している発達段階に合わせた学校図書館を利用するためのガイドブック。小学校版、中学校版がある。

人・もの・情報のネットワークの要としての学校司書

袖ケ浦市立根形小学校　校長

（前 袖ケ浦市教育委員会学校教育課長）　庄司　三喜夫

学校司書配置までの経緯

　袖ケ浦市は、1991年度の市制施行と同時に、読書教育の充実を教育の重点施策に掲げてきました。これまで市教育委員会で長年読書教育を担当してきた立場として、振り返って「学校図書館を行政からどう支援するか」という視点でこれまでの事業を整理してみると、それは「学校図書館を『人』『もの』『情報』のネットワークで結ぶ」ということでもありました。そして、その要として欠かせないのが、「学校司書（当初は読書指導員）」の存在です。本市の読書教育の現在があるのも、学校司書採用当初に、知的好奇心あふれる優秀な人材が集まったことに尽きると考えます。

　読書教育への取り組みの第1段階として、本市は1991年度より1校あたり100万円の図書購入費を措置し、不要本を大胆に廃棄し、ＭＡＲＣ[※]を購入して蔵書管理の電子化を図りました。しかし、思ったほど図書は各学校では活用されませんでした。原因を探るべく1994年度に市独自で実施した「読書教育基礎調査」では、学校図書館を有効活用するためには「専任職員の配置が必要」という回答が最も多く49.3％に達しました。この調査結果を受け、市教育委員会では学校図書館専任職員の配置を検討することになり、1995年4月に小学校3校に試行的に学校司書の配置を始め、その素晴らしい成果により、4年間で全校配置に至りました。

「人」「もの」「情報」のネットワーク

　「人」「もの」「情報」のネットワークの中で、最も基幹にあるのが「人」です。この「人」のネットワークは、司書教諭と学校司書を中心に構築されています。

　司書教諭は1997年の学校図書館法の改正により12学級以上の学校は、司書教諭の配置義務を課せられことになりました。この法律は、11学級以下の学校に

※ MAchine Readable Cataloging＝コンピュータで処理可能な書誌情報を用いた、図書館専用データベース。

おいては当分の間司書教諭を置かないことができるとされていて、中途半端な内容でした。しかし本市は、学級数に関係なくすべての学校に司書教諭を発令しました。このことは、とりもなおさず、本市の読書教育重視の施策の一つの表れでした。そしてこの時にはすでに各小中学校には学校司書が配置されていたのです。

　専任発令されていなくて、多くの授業や校務を受け持つ司書教諭ができることには限界があります。おのずと学校司書が司書教諭の業務の一部をカバーしていくことになりました。学校司書は、2014年の学校図書館法の改正で、その配置が努力義務化されました。ようやく学校司書の重要性を認識されたのです。しかし、学校司書としての資格の在り方、その養成の在り方等についての規程はなく、法の整備としては誠に不十分で、遅きに失した感は否めません。本市では、読書教育推進会議や司書教諭研修会、学校司書研修会を市総合教育センターが開催し、本市の読書教育関係の取り組みの周知や研修、情報交換にも力を入れています。

「もの」のネットワークは、学校図書館を学習・情報センターと位置づけるために必要な整備で、最も大切な図書の流通システムがその中心となります。1997年度から市内全小学校でスタートしたこの図書流通システムも、学校司書の中学校配置に合わせて1999年度には市内全中学校にも拡大しました。また、2007年度からは、郷土博物館の所蔵資料を授業で使えるよう、内容別に教材パックを作成し、このシステムにより各学校へ届けられるようにしました。

「情報」のネットワークは、市立総合教育センターが運用する教育情報ネットワーク「ウグイスネット」により、様々な学校図書館支援のためのサービスを運営しています。総合教育センターにある6000点を超える学習教材の検索・予約がWEB上ででき、学校間のレファレンスのために図書掲示板を導入し、情報の共有化を図っています。公共図書館へのレファレンスの要求も、WEB上のフォームで行うようになっています。これらを活用するために、各学級担任や教科担任の行う授業との橋渡しをしているのが学校司書です。

「人」「もの」「情報」のネットワークは、それぞれ単独に機能するのではなく、相互に連携し合うことにより、有機的に機能することは明らかで、その中心にいるのが学校司書です。2005年度には「学校図書館支援センター」を総合教育センター内に設置し、これらのネットワークのコーディネートや本格的な学校司書の支援を開始しました。本市にとっての学校司書とは、学校図書館と教育課程をつなぎ、今日的な学びの柱を支える「縁の下の力持ち」と言うことができるでしょう。

あ と が き

　本書では、主体的な学びを支える学校図書館を目指して行ってきた、学習センター・情報センターとしての活動を重点的に紹介しました。学校図書館は、読書センターとしての役割も担っていることを忘れてはいけません。特に小学校においては、たくさんの本を読み、本や図書館と親しむことが、学びの基礎になるのでしっかりとサポートしていきたいです。

　そして「学校の勉強で図書の時間が一番好き」「図書館のにおいがとても落ち着くから好き」とやって来てくれる子どもたちのために、今後もホッとできるスペースづくりや、大切な1冊と思える本に出会えるように役立ちたいです。

　学校司書の仕事を長く続けてきましたが、学校図書館も私自身も活用され、学びを支えることで、毎年一歩ずつ前進してきたという誇りと喜びでいっぱいです。図書館学者のランガナタンが提唱する「図書館学の五法則」の中の「図書館は成長する有機体である」という言葉を実感としてかみしめています。

　しかしこれは、私一人の力では成し得なかったことです。学校司書の私をリードし支えてくれた司書教諭、授業や活動で学校図書館活用を実践してくれた多くの先生たち、本が大好きで学校図書館が大好きな子どもたち、学校図書館をサポートしてくれる公共図書館、博物館、学校図書館支援センター、学校図書館支援ボランティアの皆様、情報や資料を提供してくれる学校司書の仲間たちなど、たくさんの力に支えられていると改めて謝意を申し上げます。

　今回紹介できた事例は、まだまだ改善の余地があるものも多いです。この本を読んでくださった方々から、率直なご意見や感想をいただけたら幸いです。

　最後に本書の発行に際して尽力してくださった少年写真新聞社編集部の新井吾朗氏に心よりお礼申し上げます。

付 録

コピー用ワークシート

（この資料はコピーしてお使いいただけます。また、当社ホームページからデータをダウンロードできます）

ホームページアドレス→ https://www.schoolpress.co.jp/dl

小3 オリエンテーション

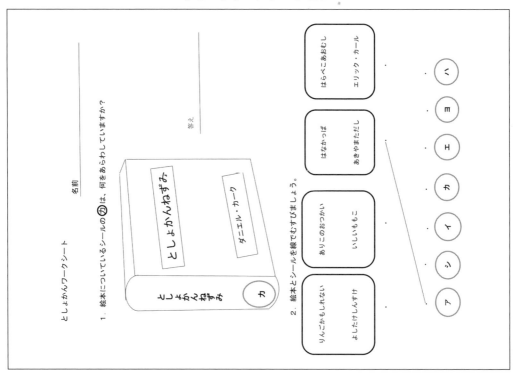

小4 オリエンテーション

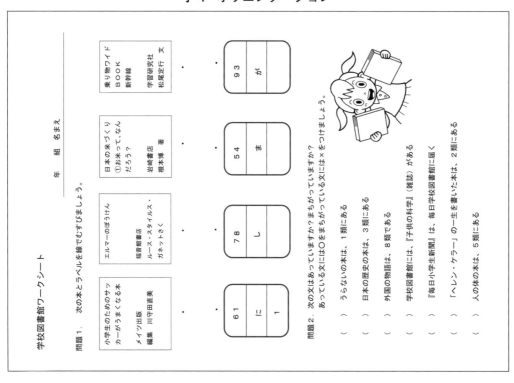

126

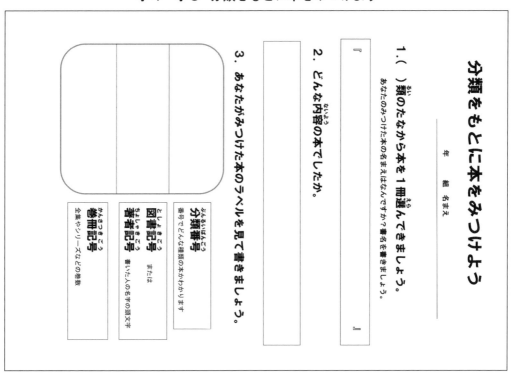

分類をもとに本をみつけよう

年　　組　名まえ

1.（　）類のたなから本を1冊選んでさましょう。

あなたのみつけた本の名まえはなんですか？書名を書きましょう。

『　　　　　　　』

2. どんな内容の本でしたか。

3. あなたがみつけた本のラベルを見て書きましょう。

分類番号　番号でどんな種類の本かわかります

図書記号　または　著者記号　書いた人の名字の頭文字

巻冊記号　全巻やシリーズなどの巻数

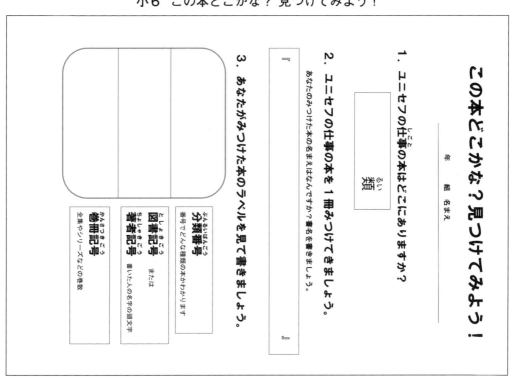

この本どこかな？見つけてみよう！

年　　組　名まえ

1. ユニセフの仕事の本はどこにありますか？

類

2. ユニセフの仕事の本を1冊みつけてきましょう。

あなたのみつけた本の名まえはなんですか？書名を書きましょう。

『　　　　　　　』

3. あなたがみつけた本のラベルを見て書きましょう。

分類番号　番号でどんな種類の本かわかります

図書記号　または　著者記号　書いた人の名字の頭文字

巻冊記号　全巻やシリーズなどの巻数

127

中1　オリエンテーション

学校図書館ワークシート　　　　年　　組　氏名 ＿＿＿＿＿＿＿＿＿＿＿

ワーク1　学校司書の名前を書こう ＿＿＿＿＿＿＿＿＿＿＿ 先生

ワーク2　貸出期間はどのくらいですか？

ワーク3　貸出冊数は何冊ですか？

ワーク4・学校図書館の本を1冊選んで、書名・分類を見てみましょう。
　　　　選んだ本の書名を書きましょう。

『　　　　　　　　　　　　　　　』

ワーク5　本のラベルを見て記入しましょう。

分類記号（数字3つ）

図書記号（著者の頭文字）

巻冊記号（何巻目か）

ワーク6　図書資料（本）の他にどんな資料がありますか。

＿＿＿＿＿＿＿＿＿＿＿＿＿＿＿＿＿＿＿＿＿＿＿＿

中2　オリエンテーション

学校図書館ワークシート

年　　組　氏名 ＿＿＿＿＿＿＿＿

問題1　「アメリカ」に関連する本をみつけましょう。

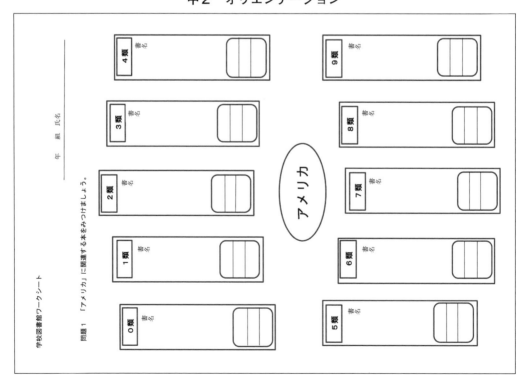

128

学校図書館オリエンテーション　ワークシート
参考図書を使って調べよう！

年　　組　　氏名

調べることがら

わかったこと

参考図書（資料名）

1　日本の食料自給率はどれくらい
2　日本人のノーベル賞受賞者
3　ニューヨークと東京の気温の変化を比較
4　GDP（国内総生産）の産業別割合
5　京都で有名な京野菜をあげなさい
6　主なレアメタル生産量の多い国は
7　数字のつく四字熟語を探しなさい
8　生物多様性とはどんなことか
9　始皇帝とはどんな人か
10　国産電気冷蔵庫はいつできたか
11　本についているISBNとはなんのことか
12　福島県の米の取れ高は年間どれくらい

ずかんのつかいかた

ねん　　くみ　　なまえ

しらべたいものを早く見つけるために、「もくじ」や「さくいん」をつかおう。

もくじ
☆　ずかんのはじめにあります。
☆　「もくじ」はしらべたいもののなかまから、のっているページをさがせるよ！

おなじなかまのものをあつめて、見出しをつけています。

目次　もくじ
昆虫　こんちゅう

1. 上の「目次」を見て、こたえましょう。

虫のなまえ	なかま	ページ
アゲハチョウ		
シオカラトンボ		
スズメバチ		

「さくいん」はしらべたいもののなまえがわかっているときにつかえるよ！

さくいん

☆ ずかんのうしろにあります。
☆ しらべられることばが、「あいうえお」のじゅんにかいてあります。

さくいん

ア
アイヌキンオサムシ・・・・・・・63
アイノミドリシジミ・・・・・・・125
アオイラガ・・・・・・・・・110
アオスジアゲハ・・・・・・・・115

イ
イエシロアリ・・・・・・・・・43
イエバエ・・・・・・・・・・104
イタドリハムシ・・・・・・・・92

ニ
ニイニイゼミ・・・・・・・・・49
ニカメイガ・・・・・・・・・110

マ
マイコトラガ・・・・・・・・・150
マイマイガ・・・・・・・・・・146

モ
モンシロチョウ・・・・・・・・118
モンシロモドキ・・・・・・・・147

2. 上の「さくいん」を見て、こたえましょう。
つぎの虫は、何ページにのっていますか。
ニイニイゼミ（　　　　）ページ
モンシロチョウ（　　　　）ページ

3.「ずかん」をつかって、じぶんのしらべたことをかきましょう。

しらべるものの名まえ	ずかんの名まえ	ページ

わかったこと（大きさ、すんでいるところなど）	えをかこう

国語辞典の使い方ワークシート

年　　組　名まえ

1 あなたの持っている国語辞典について、次のことを調べて書きましょう。

国語辞典の書名	編集・監修　監修者名	発行年	発行所

2 次の言葉は、どれが先に国語辞典に出てくるでしょう。出てくる順に1、2・・と番号を書きましょう。

```
[　] ぎん       [　] ごうか       [　] せんぱつ
[　] ぎん       [　] こうか       [　] せんぱつ

[　] かく       [　] こうぎょう     [　] ひょういん
[　] かく       [　] こうぎょう     [　] ひょういん

[　] さつか      [　] しゅう        [　] かしゅう
[　] サッカー    [　] じゅう        [　] かじゅう
[　] さつか      [　] しゅうかい      [　] がじゅう
```

3 次の言葉は、国語辞典の何ページにありますか。ページを調べて、ならんでいる順に番号を書きましょう。また、言葉の意味も書きましょう。

言葉	漢字	ページ	順序	意味
かくだい	拡大			
かくち	各地			
がくたい	楽隊			

漢字辞典の使い方を知ろう

年　組　名まえ

1　漢字辞典を使うときに役に立つ、3つのさくいんの名まえを書きましょう。

「　　　　」・部首がわかっているとき　さくいん
「　　　　」・漢字の読みがわかっているとき　さくいん
「　　　　」・部首も読みもわからないとき　さくいん

2　「部首さくいん」を使って、部首の読みかた、画数、出ているページを調べて書きましょう。

部首	1	冖	厂	亻	言
部首名	にすい				
画数	2				
ページ	27				

3　「部首さくいん」を使って、次の漢字をさがし、部首名と漢字の読みかたを書きましょう。

漢字	海	好	枝	絹	筋	値	拝
部首名	さんずい						
音読み	カイ						
訓読み	うみ						

漢字辞典の使い方

年　組　名まえ

1　「音訓さくいん」を使って次の読み方の漢字をさがして書きましょう。

読みかた	あせ	あう	おき	さ	なえ	はい	みぞ	あとも	ふん
漢字	汗								

2　「音訓さくいん」を使って次の漢字を調べて、漢字の音読みを書きましょう。

漢字	並	勢	暖	誠	蒸	貴	疑	困
音読み	ヘイ							

3　「総画さくいん」を使って次の漢字を調べて、じゅく語を書きましょう。

漢字	墓	呼	存	孝	危	否	模
じゅく語	墓地						
読みかた	ぼち						

小4　年鑑の使い方を知ろう

年鑑の使い方を知ろう

年　組　　　氏名

1　あなたが手にしている年鑑について奥付を見て書こう。

本の題名	
編者	
発行所（出版社）	
出版年	

2　『朝日ジュニア学習年鑑』を見て、どんな情報がのっているか、どんなことが調べられるか、わかったことを書こう。

3　ラベルをみて分類番号、著者記号、巻冊記号を書こう。

4　「日本に小学校はいくつあるか」を調べよう。

小2　きろくカード

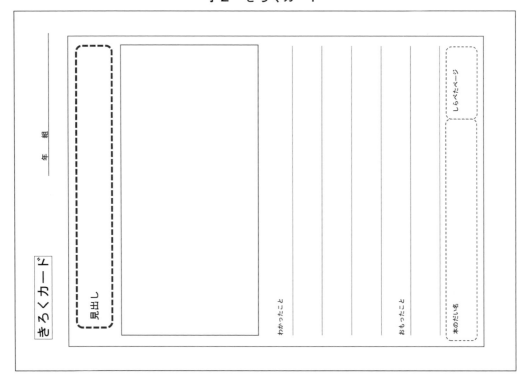

きろくカード

年　組

見出し

わかったこと

おもったこと

本のだい名

しらべたページ

132

小3　情報カード

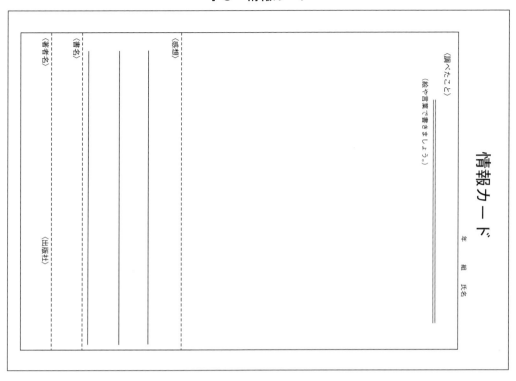

小4　ブックトークをつくろう

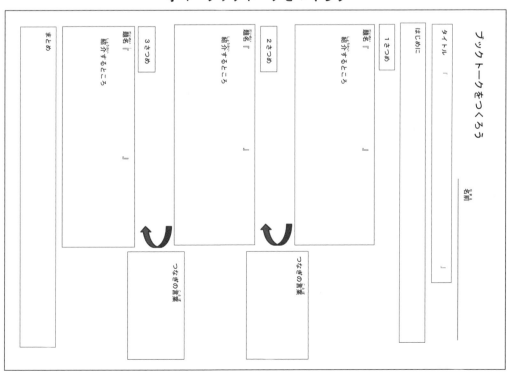

小5 「新聞スクラップ」をしてみよう

「新聞スクラップ」をしてみよう

月　日　（　）作った日を書こう

年　組　氏名

新聞記事をはろう

使った新聞記事　　年　　月　　日（朝刊・夕刊）「　　　　　新聞」

わかったこと・考えたことを書こう

調べたことを書こう（記事の中で意味のわからない言葉や出来事を国語辞典や百科事典等で調べてみよう）

出典を書こう（わからない言葉など調べた本）

小5　新聞ワークシート

発行日　令和　　年　　月　　日

発行者

参考にした本や資料

編集後記

134

■執筆者紹介　和田幸子 (わだ さちこ)

学校司書として中学校で15年間勤務、小学校は勤務7年目。

袖ケ浦市立蔵波中学校　平成11年度〜平成14年度

袖ケ浦市立平川中学校　平成15年度〜平成19年度

平成17年度　文部科学省職員による　学校図書館訪問

平成17年度　第3回こども読書推進賞　奨励賞受賞

平成17年度　子どもの読書活動優秀実践校　文部科学大臣表彰

平成19年度　第38回学校図書館賞　受賞

袖ケ浦市立昭和中学校　平成20年度〜25年度

袖ケ浦市立昭和小学校　26年度〜

平成28年度　子どもの読書活動優秀実践校　文部科学大臣表彰

学校司書のほか、袖ケ浦市立図書館推進員と図書館のおはなし会ボランティアをしています。袖ケ浦市郷土博物館の市民学芸員 (ボランティア) にも登録し、博物館でのイベントのお手伝いや博物館と学校を結ぶ活動も行っています。

著　書

『学校司書と先生のためのすぐできるブックトーク
　〜小・中学校・高等学校のわかりやすいシナリオ集〜』ミネルヴァ書房 (共著)

—— 主体的な学びを育てる授業の中心となった先生 (敬称略) ——

＜小学校＞	・小川　英子	・長嶋　美紀	・粕谷　久恵
・小林　友美	・佐藤　博幸	・吉野　典利	・松村　恵
・今西　芙美子	・信太　英俊	・山田　恭大	・高橋　千登世
・佐久間　聡子	・大根　映理子	・西　　大祐	
・青木　美侑		・菅井　由香	**＜イラスト提供＞**
・齊藤　道子	**＜中学校＞**	・菊池　育実	・安中　みちる
・明石　真実	・佐藤　綾子	・本橋　俊哉	・村山　寛明
・大野　友之	・磯部　正史	・藤本　佳子	

—— ワークシート作成にあたり参考にした図書 ——

・『新版　図書館・学びかたノート (小学校中学年用)』全国学校図書館協議会

・『新版　図書館・学びかたノート (小学校高学年用)』全国学校図書館協議会

・『コピーしてつかえる学校図書館活用資料集』市川市学校図書館教育研究部会　エルアイユー

・『司書教諭の授業で役立つワークシート集』埼玉県学校図書館協議会

・『袖ケ浦市中学校　学び方ガイド』袖ケ浦市立総合教育センター

主体的な学びを支える学校図書館

～小学校・中学校の授業サポート事例から～

2020年8月20日　初版第1刷発行

著　　者	和田幸子
発 行 人	松本　恒
発 行 所	株式会社　少年写真新聞社
	〒102-8232　　東京都千代田区九段南4-7-16
	市ヶ谷KTビルI
	TEL　03-3264-2624　FAX　03-5276-7785
	URL　https://www.schoolpress.co.jp/
印 刷 所	大日本印刷株式会社

© Sachiko Wada 2020　Printed in Japan
ISBN978-4-87981-705-1　C3000　NDC017

編集：新井吾朗　DTP：服部智也　校正：石井理抄子　編集長：河野英人